小学数学『思辨课堂』的实践探索

龙丽辉 著

海峡出版发行集团 | 海峡文艺出版社

图书在版编目(CIP)数据

小学数学"思辨课堂"的实践探索/龙丽辉著.—福州:海峡文艺出版社,2024.4
ISBN 978-7-5550-3718-7

Ⅰ.①小… Ⅱ.①龙… Ⅲ.①小学数学课－教学研究 Ⅳ.①G623.502

中国国家版本馆 CIP 数据核字(2024)第 073117 号

小学数学"思辨课堂"的实践探索

龙丽辉 著

出 版 人	林 滨
责任编辑	邱戊琴
出版发行	海峡文艺出版社
经　　销	福建新华发行(集团)有限责任公司
社　　址	福州市东水路 76 号 14 层
发 行 部	0591－87536797
印　　刷	福建新华联合印务集团有限公司
厂　　址	福州市晋安区福兴大道 42 号
开　　本	720 毫米×1010 毫米　1/16
字　　数	170 千字
印　　张	10.75
版　　次	2024 年 4 月第 1 版
印　　次	2024 年 4 月第 1 次印刷
书　　号	ISBN 978-7-5550-3718-7
定　　价	45.00 元

如发现印装质量问题,请寄承印厂调换

序

得知龙丽辉老师要出一本关于数学"思辨课堂"的专著,我很是欣喜和激动,她长期的教育教学实践经验积累由量变到质变,转化为教学思想、教学主张,实现了教育人生追梦道上的一次自我超越,祝贺她!

教学主张是教师的教学思想、教学信念,是一位优秀教师教学的内核。通读龙老师全书手稿,我深刻地感受到她在日复一日、年复一年貌似重复枯燥的数学课堂教学实践中,始终围绕"数学教学活动怎样真正成为培养人的理智活动"进行的思索与追问。从开始的自觉不自觉、有意无意思考,到后来的整体、深度思考,她持续在看似平凡的教学活动中做着"思维的体操",通过思维训练帮助孩子们在脑海中开出"世上最美的花朵"。难能可贵的是,龙老师对长期教学实践活动中产生、形成的一些原发性的教学看法、想法和观点,能不断进行反思、充实、提炼、升华。这是一条理性加工和自我孵化的艰辛之路,正是龙老师的孜孜不倦,使数学"思辨课堂"的教学经验渐渐地从零散走向系统,从模糊走向清晰,从浅层走向深刻,产生了质变,成为有一定"理论因子"、可资借鉴的教学主张。

徜徉在龙老师书稿的字里行间,我分享着她成长的快乐,从内心深处感受到她执着的教育梦。龙老师能够形成数学"思辨课堂"这一鲜明的教学主张,源于她能不断地梳理教学实践与研究中的新发现、新课例和新策略,展示出新样态、新思维。一路走来,她历经酸甜苦辣始终坚定前行,在课堂教学实践中创造了"随风潜入夜,润物细无声"的"思辨"意境,于是乎,数学"思辨课堂"就像小精灵一般快活着她的三尺讲台,让每位孩子在她的数学课堂中享受"红利"。

"思辨课堂"从教学实践到教学思想、教学主张再到育人目标,可以清晰地看到"思辨"正引领着龙老师逐步走向她教育理想的彼岸,实现了一次次自我超越,收获了"特级教师""福建省学科带头人""福建省优秀教师"等幸福与快乐,并不断走向新的高峰。

数学"思辨课堂"是龙老师的教学主张，更是落实数学核心素养的具体实践路径，是对生活哲学、学习心理、教育理念和传统文化的一种传承与创新。它不仅符合小学数学课堂教学的实际情况，也契合新时期教育教学发展的变化追求。我多次听龙老师的课，她在课堂上话语不多，却句句精当；声音不高，却绵里藏思；提问不多，却设问精准。尤其是一些看似无趣的学习内容，总能在她精妙引导下激发起全体学生"思"的浪花、"辨"的高潮。毫无疑问，这样的课堂可称为高品质课堂，处处彰显着数学"思辨"的魅力。

教师的生命力在课堂。龙老师身为副校长，行政事务繁忙琐碎，但她始终不离课堂教学，坚守实践着数学"思辨课堂"的教学主张，依然长期幸福地在一个班的数学课堂里耕耘着。她能自如做到学校行政工作与课堂教学两不误，源于教学有妙招——当堂练、当堂清、当堂明、当堂强，发出了"减负增效"课堂的强音。融"思辨"于课堂，可提升课堂思维品质，能助力"培根铸魂、启智增慧"育人目标的实现，正促进学生的核心素养在春风化雨中逐步形成与发展。

一个人走得快，一群人走得远。我真心期望龙丽辉老师能以此书出版为新起点，秉承教育初心使命，继续勇毅前行，以团队的学术魅力、团队的研究风格和团队的践行路径，凝聚更多一线教师共同践行数学"思辨课堂"教学主张，携手共进，书写育人新篇章！

徐国裕
2023 年 8 月

（徐国裕，正高级教师，福建省特级教师，福建省首批教学名师，福建省首批23个中小学名师工作室领衔名师，福建省第二批教学名师培养人选导师，福建省教育学会小学数学教育分会执行会长）

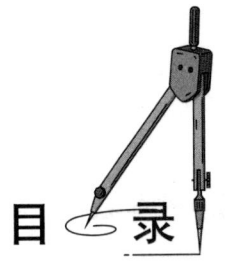

目 录

第一章　小学数学"思辨课堂"的教育意蕴

第一节　小学数学"思辨课堂"的内涵 …………………… 3
第二节　小学数学"思辨课堂"的理论之源 ………………… 7
第三节　小学数学"思辨课堂"的价值追求 ………………… 9
第四节　小学数学"思辨课堂"的课堂架构 ………………… 12

第二章　小学数学"思辨课堂"的建构探索

第一节　了解学生实际，培养思辨意识 ……………………… 23
第二节　在宽松的心育情境中学会思辨 ……………………… 27
第三节　提升学习力，催发有效思辨 ………………………… 31
第四节　巧设问题情境，引发积极思辨 ……………………… 36
第五节　在自主探索中主动思辨 ……………………………… 38
第六节　借用数学思想推进深度思辨 ………………………… 41
第七节　知行悟合一，促成多维思辨 ………………………… 48
第八节　依托现代技术促进思辨 ……………………………… 51
第九节　借"翻转课堂"促思辨提升 ………………………… 53
第十节　基于移动终端构建"精熟学习" …………………… 58
第十一节　基于思辨理念构建智能课堂 ……………………… 65

第三章　小学数学"思辨课堂"的教学实践

　　第一节　情理育人撬动"思辨课堂" …………………… 71
　　第二节　信息技术赋能"思辨课堂" …………………… 95
　　第三节　生活清泉滋润"思辨课堂" …………………… 132

第四章　小学数学"思辨课堂"的教学感悟

　　第一节　幸福工作，快乐人生 …………………………… 157
　　第二节　心若有爱，美景自在 …………………………… 162
　　第三节　导而弗牵，润泽于心 …………………………… 163

参考文献 ……………………………………………………… 165

第一章

小学数学"思辨课堂"的教育意蕴

众所周知，人的活动建立在思维活动的基础上，思维是创造力的源泉，被恩格斯比作"世界上最美的花朵"。数学作为"思维的体操"，学习数学必须提升思维力。如何使数学教学活动真正成为培养人的思维的活动呢？二十多年的教学经历和感悟，促使我不断地思考与实践，形成了"思辨课堂"的教学主张，注重培养学生思维的宽度、广度和深度，激发学生的创新意识，让学生的思维更灵活。

第一节 小学数学"思辨课堂"的内涵

"思辨"就是思考与辨析。做学问，就要详细地询问，周全地思考，明白地辨析，形成清晰的判断力，并用学习来的知识指导实践。

一、思考

关于思考的重要性，早在春秋末期，伟大的思想家、教育家孔子就曾言明，他说："学而不思则罔，思而不学则殆。"只是学习而不思考会感到迷惑，只是思考而不学习就会精神疲倦且无所得。

思考，指的是分析、推理、判断等思维活动，是客观存在反映在人的意识中经过思维活动而产生的结果。思维活跃的人，才更能有效思考，因此，思维的提升与发展很重要。

思维，包括基础思维（记忆、理解）和高阶思维（应用、分析、综合、评价）。

在课堂教学中，教师们普遍重视提问，但记忆性问题和判断性问题占据多数，能够激活学生思维的问题较少，从而使学生思维的发展受到限制，不能有效提高学生的思维水平。例如在"平行四边形的面积"第二课时教学中，有这两种导入：

【片段一】

师：同学们，我们已经学习了平行四边形面积的计算方法，请一位同学说说，计算平行四边形的面积的公式是什么？

生1：平行四边形的面积＝底×高。

生2：平行四边形面积的计算公式用字母表示是 S=ah。

师：图1-1-1这块平行四边形的面积是多少呢？同学们在各自的本子上独立计算。

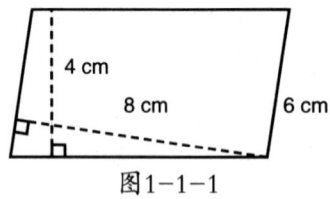

图1-1-1

【片段二】

师：同学们，我们已经学习了平行四边形面积的计算方法，你们能运用学到的知识计算图1-1-1这个平行四边形的面积吗？

生1：4×6=24（平方厘米）。

生2：我不同意他的答案，因为4厘米这条高对应的底不是6厘米。

生3：我同意前一位同学的意见。因为平行四边形的面积是底乘以相对应的高，所以要用6×8=48（平方厘米）。

师：谁能解释"对应"是什么意思？到讲台来，借助图来解说。

生4：要像这样（手指图）互相垂直的两条线（8厘米和6厘米）才是"对应"。因为平行四边形对边相等，所以左边这条线段也是6厘米，6厘米这一条线叫底，与它垂直的另一条8厘米的线叫作这条底边上的高；同样，如果以4厘米的线为高，那么与它垂直的这条边是它对应的底。

师：掌声送给这位同学，你的解说条理清晰，非常明了。4厘米这条高对应的底边长度是多少呢？同学们先独立在本上练习，再和同桌说说你的想法。

两个片段中不同的导入方式，带来完全不一样的思维视野。第一个导入片段的问题属于记忆性问题，学生凭记忆便可回答，不需太多的思考，思维训练的广度不够。第二个导入片段中，多余条件的出现，与学生原有认知中的"已知两个条件求一个问题"题型相冲突，首先需对已有的平行四边形相关的概念深入理解，寻找底边6厘米和对应的高是8厘米；其次理解"相互垂直的两条线，一条为底，另一条是这条底边对应的高"，对垂直概念的本质有更深的理解；再次应用平行四边形面积的计算公式进行计算，培养运用意识；最后，以"4厘米这条高对应的底边长度是多少呢？"这类逆向思维问题，引起学生的新一轮思考，明白把平行四边形的面积除以高，得到相对应的底边长度，即与它垂直的底边长度。在这一过程中（如图1-1-2所示），从条件中进行分析、选择有用的信息，综合运用所学知识解决数学问题，并反思解题过程、拓展思维，让学生始终在思考。一名学生在学习，不只是单纯、消极地记忆教师教过的书本内容，而要学会思考。

总之，数学教学要拓宽学生的思维空间，解放学生的思想，大力激活学生的思维，制造认知冲突，让学生学会探究，活跃思维，形成知识体系，更积极主动地思考，促进学生个体数学能力的发展。

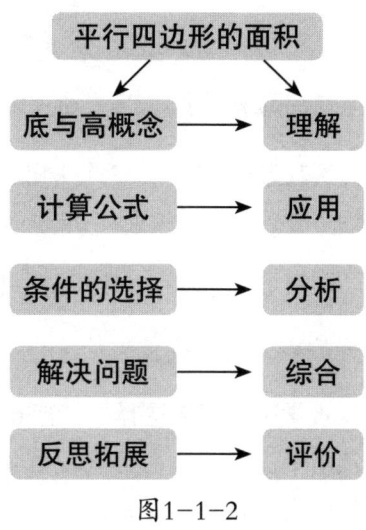

图1-1-2

二、辨析

辨析，指区别、分析，是对事物的情况、类别、事理等的辨别分析。辨析是学习数学的常用方法。在数学学习中，面对变换情境下的知识点，孩子们要学会辨析，通过辩论（彼此用一定的理由来说明自己对事物或问题的见解，指出对方的不足，求同存异）让它变得简单，从而辨明规律。

例如教学北师大版五年级下册第三单元"分数乘法"。为发展学生的思维能力，教科书展现了学生探索过程中方法的多样性。在解决"3个$\frac{1}{5}$"是多少的问题中，呈现了面积模型、分数加法及借助乘法计算分数乘整数的三种解决方法。其中，第一种方法借助面积模型图，直观地呈现了每一小块面积表示$\frac{1}{5}$，3个$\frac{1}{5}$就是占整个长方形面积的$\frac{3}{5}$，让学生明白可以通过画图解决分数乘整数的数学问题；第二种方法让学生运用已有的分数加法知识解决问题，通过分析发现3个$\frac{1}{5}$相加，就是分母不变、分子相加，也就是相同分数单位相加，得到$\frac{3}{5}$，这与学生已有经验建立联系，运用已知解决新知问题；在第二种方法的基础上提炼出"乘法是求几个相同加数和的简便运算，可以列式为$\frac{1}{5}\times 3$"，得到第三种方法，与前两种方法进行对比，可发现这个式子表示的是3个$\frac{1}{5}$相加的和是多少，再观其过程，分子是3个1相加，也就是1×3，得到$\frac{3}{5}$，把加法过程省去，即"分子与乘数相乘，分母不变"。

又如在解决"6块饼的$\frac{1}{2}$是多少"的问题中，由于学生有了一定的分数乘法的经验，先让学生自己画图解决6块饼的$\frac{1}{2}$是多少的问题，发现学生大多数选择了"把6块饼看作一个整体，得到6块饼的$\frac{1}{2}$是3块饼"。学生画图的表现形式是多种多样的，因此我让多位学生把自己的图意阐述清楚，同学们的表达能力很强，在说理的过程中基本已表明"6的$\frac{1}{2}$"的道理。接着引导学生观察几位同学作品的共同点，感受几幅图都是把6平均分成2份，取其中的1份，从分数的意义角度解释了这是"6的$\frac{1}{2}$"。之后，再请一位想法不同的孩子说明他的想法"把每块饼都分成两个$\frac{1}{2}$，6块饼的$\frac{1}{2}$相当于6个$\frac{1}{2}$"。这其实就是"分别取每块饼的$\frac{1}{2}$再求和"，包含单位转换问题，虽然"6个$\frac{1}{2}$"是上节课学过的，但具体到这道题时，是不容易想到这种做法的。这个孩子的解法，有些同学听过讲解后还是不能理解，因此让同学们进行辩论。有的同学说是把一块饼看作一个整体，平均分成2份，每份是一块饼的$\frac{1}{2}$，吃了6个$\frac{1}{2}$块饼也就是吃了6块饼的$\frac{1}{2}$。在对比辨析中，同学们得出6的$\frac{1}{2}$相当于6个$\frac{1}{2}$，可以用乘法式子$6\times\frac{1}{2}$表示，答案也是3。这样一来，借助面积模型，丰富了学生的数学体验和活动经验，让学生更好地了解了整数乘分数的意义及计算方法。

三、思与辨的关系

因思而辨，达成思维的提升与发展，以辨促思，成就思维的应用与表达，两者相互融通，相互促进。"思辨课堂"用问题情境引导，让学生用数学的眼光去观察、发现数学问题，把核心问题变为思维启动的引擎，促使学生在数学活动中探索道理，凸显数学思维的深度与广度，在辨析表达中促进思维的发展，这些与《义务教育数学课程标准（2022年版）》（后文简称"新课标"）所提出的数学核心素养的三个方面（数学的眼光观察世界、数学的思维思考世界、数学的语言表达世界）完全契合。因此，"思辨课堂"的教学主张，能有效促进核心素养的落地，有助于实现"立德树人"的教育目标。

第二节　小学数学"思辨课堂"的理论之源

一、人本主义学习理论

人本主义认为，教育的目的应该是培养全面发展的人，注重学生的兴趣、需要、经验以及个性差异，达到开发学生的潜能、激发起学生认知和情感的作用，肯定自我，进而自我实现。"思辨课堂"关注学生的已有经验，创设真实情境，激发学生好奇心与求知欲，引发学生对问题的思考，提升学生思维的品质，指向学生的成长。

二、基于新课标的精神

新课标教学建议中提出："选择能引发学生思考的教学方式"，"通过启发式、探究式、参与式、互动式等，探索大单元教学，积极开展跨学科的主题式学习和项目式学习等综合性教学活动"，"通过丰富的教学方式，让学生在实践、探究、体验、反思、合作、交流等学习过程中感悟基本思想、积累基本活动经验，发挥每一种教学方式的育人价值，促进学生核心素养发展"，"问题的提出应引发学生认知冲突，激发学生学习动机，促进学生积极探究，让学生经历数学观察、数学思考、数学表达、概括归纳、迁移运用等学习过程，体会数学是认识、理解、表达真实世界的工具、方法和语言"，学习数学是"经历发现、提出、分析、解决问题的过程"。

新课标的教学建议中还提出，"注重信息技术与数学教学的融合，利用信息技术对文本、图像、声音、动画等进行综合处理"，"将抽象

的数学知识直观化，促进学生对数学概念的理解和数学知识的建构"。

三、建构主义理论

皮亚杰的建构主义认知心理学理论认为，认知的形成与发展是一个建构过程，是在个体与他人及环境不断地相互作用中实现的。也就是说，知识是由人主动建构的，而不是被动接受的。它与一般人们认为的知识获得的"外部输入—内部生成"模式相反，强调知识不是从外部输入人的心灵的，而是在人与外界相互作用的过程中从人的心灵内部建立起来的。因此，学习并不是由教师向学生单方面传递知识的过程，而是学生通过主动思考、积极建构的过程。在学习的过程中，学习者利用过去的经验建立联系，在分析、判断、表达中与外部环境建立联系，启迪智慧，促进新知识的建构。

四、教育心理学理论

我国较早的教育理论专著《学记》中提道："知其心，然后能救其失也。教也者，长善而救其失也。"这要求教师首先要了解学生的心理特点和个性特点，才能做到有效指导、因材施教。《中庸》中的"天命之谓性，率性之谓道，修道而谓教"，指的也是教育要符合人的天性和人的心理。

数学是思维的体操，伴随数学能力的提升，人们的思维水平将快速发展，然而数学知识本身较枯燥，特别是小学中高年级数学知识较抽象，不易理解，学生对数学学习易产生困惑，变得烦躁，缺乏信心，难以持之以恒，这些心理因素影响了学生的数学学习，阻碍学生的身心健康发展。著名心理学家马斯洛认为，心若改变，人的态度会跟着改变；态度改变，人的行为会跟着改变；行为改变，人的习惯会跟着改变；习惯改变，人的性格会跟着改变；性格改变，人的命运会跟着改变。因此，在小学数学教学中渗透心理健康教育是不可忽视的，良好的心理是小学生健康成长的重要因素之一。笔者从教学实践中发现：宽松、有趣的教学模式，能有效渗透心理健康教育，培养全面发展的人。

第三节　小学数学"思辨课堂"的价值追求

中国共产党第二十次全国代表大会报告中指出:"我们要办人民满意的教育,要全面贯彻党的教育方针,落实立德树人根本任务,培养德智体美劳全面发展的社会主义建设者和接班人。加快建设高质量教育体系,发展素质教育,促进教育公平。"教育是为了育人,"思辨数学"基于学生的实际特点,指向儿童发展,培养学生的思辨力,从而提升学生的思维能力,培养学生的创新意识。

一、"思辨课堂"的教学理念

能力是成为高素质人才所必须具备的东西,是提高学生有效学习的重要策略,而"思辨课堂"的教学理念就重在培养学生的思辨能力,指向学生的发展。"思辨课堂"通过与现代化教学手段相结合,以核心问题为引领,注重教学内容的趣味性、启发性;站在学生发展立场上去思考问题,以人为本,构建学习共同体,从而实现有效互动,学好知识。

例如,在教学北师大版五年级下册"包装的学问"中,设计问题:"包装一个长方体礼盒,用彩带将礼盒捆扎起来。怎样捆扎带子最短?(打结处需20厘米彩带)"

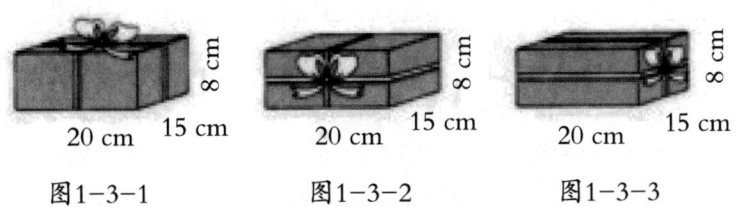

图1-3-1　　　　图1-3-2　　　　图1-3-3

通过画图,为学生的解题提供了直观感知,产生了多种解题方法。

方法一:计算

打结处长度相同,因此只要计算出捆扎处带长便可以。

图1-3-1:20×2+15×2+8×4=102(厘米)。

图1-3-2:20×2+15×4+8×2=116(厘米)。

图1-3-3:20×4+15×2+8×2=126(厘米)。

因为102＜116＜126,所以图1-3-1所用彩带最短。

方法二：关联结构

三个礼盒的长宽高分别相等，丝带打结处长度一样，3种捆扎法都与长、宽、高有关系，因此不需要计算，通过比较也能判断出长短关系：图1-3-1彩带长是2长+2宽+4高，图1-3-2彩带长是2长+4宽+2高，图1-3-3彩带长是4长+2宽+2高，它们都含有2长+2宽+2高，所不同的是图1-3-1多了2高，图1-3-2多了2宽，图1-3-3多了2长。因为2长＞2宽＞2高，所以图1-3-1所用彩带最短。

方法三：抽象拓展结构

通过空间想象，把求彩带长度问题转化为求长方形周长的问题。

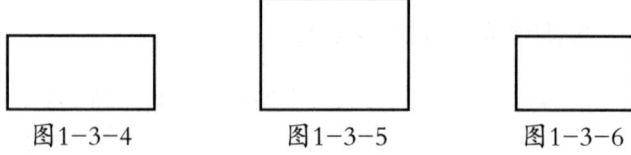

图1-3-4　　　　图1-3-5　　　　图1-3-6

图1-3-1可以看作是图1-3-4和图1-3-6两个长方形的周长之和＋打结处，图1-3-2可以看作是图1-3-5和图1-3-6两个长方形的周长之和＋打结处，图1-3-3可以看作是图1-3-4和图1-3-6两个长方形的周长之和＋打结处，因为图1-3-6长方形周长＜图1-3-4长方形周长＜图1-3-5长方形周长，所以图1-3-1的彩带最短。

不同的解题方法，让学生对"怎样捆扎彩带最短"问题背后隐藏的道理越辨越明。新课标在"教学建议"中，明确指出要"制订指向核心素养的教学目标"，要"整体把握教学内容"，"注重教学内容的结构化"，"强化学生对数学本质的理解，关注数学概念的现实背景，引导学生从数学概念、原理及法则之间的联系出发，建立起有意义的知识结构"。当新知与学生已有的知识建立了有意义的知识结构，学生对知识的理解就会更深刻，只有基于理解的教学，基于思维的发展，才能让学生更好地成长。

二、"思辨课堂"的思辨智慧

数学思辨不仅是学生内在的思考、分析、推理和判断，同时也是运用规范的学理性语言将内心的想法呈现、表达出来，从而阐明观点，交流思想，生成智慧。不思考就不能领悟"道"的境界，正确的学习方法，应以思考为根本，在深入思考的同时，还应加强对问题与已有知识进行辨析，学思并进，思辨结合。

例如，在学习"因数与倍数"后，将"相邻的两个自然数相加的和一定是奇数"这句话一抛出，引导学生马上进行批判性思辨：怎样验证这句话的真假？接着举例验证，从特殊数0开始，0+1=1，1+2=3，2+3=5……发现两个自然数相加的和是奇数。之后让学生进行发散性思辨：不用举例法进行证明。最后得出：因为在自然数中，相邻的两个数，一个是奇数，另一个是偶数，两数相差1，也就是其中一个奇数减去1后是偶数，那么两数之和则比偶数多1，一定是奇数。还有同学进行拓展性思辨："相邻的两个质数相加的和还是质数吗？""相邻的两个奇数相加的和一定是奇数吗？""两个任意的合数相加的和还是合数？""质数与合数相加的和是奇数还是偶数？"……学生的思维不断活跃，对概念的理解也越来越深入。

三、"思辨课堂"的数字赋能

2021年，教育部等六部门发布《关于推进教育新型基础设施建设构建高质量教育支撑体系的指导意见》，提出要利用人工智能技术普及教学应用、拓展教师研训应用、增强教育系统监测能力等，在人工智能技术的支持下，学生学习呈现出精准化、拟真化、个性化的发展趋势，让思辨走向学习的更深处。深度学习是在教师的引导和帮助下，学生学习有挑战性的人类已有认识成果，是学生感知觉、思维、情感、意志、价值观全面参与、全身心投入的活动，其目的指向具体的、社会的人的全面发展，是形成学生核心素养的基本途径。然而在教学实践中，缺乏精准性的教学内容引不起学生的兴趣，整齐划一的学习活动让学生极力逃避，不愿意参与和表达，学生的学习效果与教师的课堂预设相差甚远，不利于学生核心素养的形成。

随着信息时代的发展，信息技术与教育的深度融合已然成为发展趋势。传统教学模式，教师难以像医生一样，有诸多工具可以精确诊断学习状态，更多的是依靠经验进行学生个性分析和教学过程诊断。人机交互环境中，使获得学生学习过程数据和教师教学诊断信息的难点变得容易解决。基于人机交互环境设计面向教学、认知过程的虚拟考场，映射

知识结构，获得精准过程数据和成像化学习数据，诊断学习状态，可为教师教学提供重要的实证数据支持；基于人机交互环境，构建精确的教学环境，必将为实证教育提供重要支撑。现代信息技术的发展，势必影响人们的思维方式、工作方式和生活方式。同时，信息技术与教学深度整合，推进教育信息化的发展，改变了教与学的方式，各种精彩纷呈的在线学习内容逐渐呈现在孩子面前，海量的教育资源让学生可自主学习，对感兴趣的内容或不理解的知识可多次观看学习。

因此，探索信息技术与学科教学深度整合的路径，在信息技术的助力下，建立符合学习者个性发展的思辨数学的课堂架构，能有效促进核心素养的落地，促进学习活动走向深处。

四、"思辨课堂"的价值取向

"立德树人"是社会主义核心价值观的具体体现，是国家培养合格公民的基本要求，是教育改革的基础和方向。"立德"方面，要落实"德育为先"，把品德教育、科学精神落实到课堂实处，让学生在数学学习中得到良好的思想教育。"树人"方面，要通过具体的数学学习获得良好的发展，思维得到提升，能力得以提高，素养得到培养，对数学学习形成系统的思考逻辑，具有一定的创新意识和实践能力。爱因斯坦曾说："光用专业知识教育人是不够的，通过专业教育，他可以成为一个有用的机器，但不能成为一个和谐发展的人。""思辨课堂"的价值取向与之相同，都是指向儿童的发展，在思辨思想指导下的数学课堂，学生积极思考，敢于质疑，学贵有疑，与同伴合作，在合作中探究，在探究中辩论，在辩论中发现，提高思维水平，促进个体成长。

第四节 小学数学"思辨课堂"的课堂架构

"思辨课堂"的框架包含三个环节，一是核心问题导引，二是探索道理（思），三是应用表达（辨）。从教学模式上看，三个环节对接数学核心素养在整个教学活动中的推进，体现"问题驱动思辨""质疑促进思辨""合作夯实思辨""巩固迁移思辨";在具体内容上,引领学生辨"理解"、辨"道理"、辨"原理"。一次次的思辨,提升了学生的学习力(动力、毅力、能力、创造力),进而促进核心素养形成。

一、聚焦素养要素,明确教学目标

新课标最大的亮点是强化了课程育人导向,将核心素养作为数学课程的统领性目标,并且明确指出核心素养具有整体性、一致性和阶段性。小学阶段要培养的核心素养涉及3个方面11小项:用数学的眼光观察世界,培养符号意识、数感、量感、空间观念、几何直观;用数学的思维思考世界,培养推理意识、运算能力;用数学的语言表达世界,培养模型意识、数据意识、应用意识、创新意识。核心素养应关注从标准到教学的转化与落实,指向核心素养的课堂教学应关注对数学知识本质的理解。可是我们的课堂只是一个常量,一节课不能面面俱到培养所有的核心素养,这就需要教师课前对教材进行研究,同时根据学生的已有能力,挖掘数学知识与素养生长点的联系,制定本课的教学目标,在课堂教学中进行引导与培养。

例如在教学北师大版五年级上册"精打细算——除数是整数的小数除法"中,通过调查,得知学生已经会算 $11.5 \div 5$ 的答案,究其原想法:第一类学生认为小数除法也像整数除法那样,从高位除起,得到23,看到被除数有小数点,然后也在商中点上小数点,得到2.3;第二类学生因为被除数是一位小数,所以也认为23也要有一位小数,并利用小数乘法,23乘0.1得到2.3;第三类学生是运用单位换算进行推理。析其原因:学生已经能运用已有的知识解决新的问题,从原有的整数除法的学习经验出发,凭借直觉和经验,类比得出"小数除法也像整数除法一样,先按整数除法除,然后加上小数点得出结果"。学生从已有知识出发,凭借经验和直觉,通过归纳和类比等推断出结果,这叫合情推理。

根据以上调查与分析,可制定教学目标:(1)理解除数是整数的小数除法的算理,初步掌握算法,能解决一些相关问题;(2)经历除数是整数的小数除法和将计数单位细分的探索过程,感受小数除法与整数除法算理的一致性,提升运算能力;(3)展示学生的合情推理,引导学生思辨,理解除数是整数的小数除法的计算算理,培养推理意识。

二、把握思辨层次，促进思维发展

数学是思维的体操，如何让数学教学成为培养人思维的理智活动呢？最好的方式便是思辨。思辨让人的思维时时处于活跃的状态，在旧知与新知之间建立桥梁，主动去发现问题，通过对知识进行辨析、与同伴进行辩论，从而将知识中隐藏的道理越辨越明。在"思辨课堂"中学生学习主动，协同合作发现新知中蕴含的道理，目标一致，这样显得灵动、和谐。"思辨课堂"在实践中建构了一套体现思辨能力培养的常规课堂教学结构和模型，那就是"情境—问题—质疑—合作—巩固—创新"。

（一）情境：情感共鸣，激活思维

良好的情境，不仅能吸引学生的注意力，而且能激发学生主动参与思辨活动。在良好的情境中，学生的积极情感被激发，有助于调动他们探索新知的积极性，激活他们的思维。

情境创设的几种常规途径有生活情境、操作情境、故事情境、猜谜情境、角色表演情境。例如，在教学北师大版六年级上册"百分数的应用（一）"中，可创设如下情境：

师：同学们，我来自建瓯市实验小学（多媒体屏幕出现校园全景图片），想去实验小学校园参观的孩子请举手。（等台下反应）想去的人数占全班总人数的100%。100%是一个什么数？（板书：百分数）这个百分数表示什么意思？

生1：这个数表示把全班总人数看作标准量，即整体"1"，平均分成100份，以想去的人数为比较量，占其中的100份。它是比较量与标准量两个量的比值，所以是这两个量相除的结果。

师：你能举例说说你知道的百分数吗？

生1：……

师：我说一个例子。45立方厘米的水结成冰后，冰的体积约为50立方厘米。水结成冰之后体积变大，冰的体积是水的体积的90%。你们认同我的说法吗？说理由。[此时故意把标准量（冰的体积）与比较量（水的体积）位置弄错，引发学生思辨]

生1：求冰的体积是水的体积的百分之几？应把水的体积看作标准量，用比较量冰的体积除以水的体积，得到$50 \div 45 \approx 111.1\%$。

生2：90%求的是水的体积占冰的体积的百分比。

师：是的，不同的标准量，会产生不一样的比较结果，所以在审题时要找准标准量与比较量。根据图中的信息你能提出关于百分数的其他问题吗？

生2：水的体积比冰的体积少百分之几？冰体积比水体积多百分之几？

这是学生熟悉的生活情境，学生感觉氛围很轻松，在师生、生生间的谈话与互动中，不知不觉进入了对新知的探索情境中，学习积极性被激发，思维空间被打开，学生在合作中相互辨析、在反馈中相互借鉴，从而得出求百分数的方法，即用比较量除以标准量。

（二）问题：核心问题，驱动思辨

问题是创新的基础，思考是创新的核心。新课标指出："问题提出应引发学生认知冲突，激发学生学习动机，促进学生积极探究。"

教学北师大版五年级上册"分数混合运算"时，利用软件把唐僧师徒四人用动漫呈现。

师：同学们知道这四位是哪部小说的主要人物吗？

生：《西游记》。

师：是的，在作者吴承恩的描绘下四位主人公性格迥异，因此受到不同人的喜爱。下面我们做个现场调查。

[问卷：你最喜欢哪个人物呢？（单选题）A.唐僧　B.八戒　C.悟空　D.沙僧]

请现场48位同学利用平板投票，出示调查统计结果如图1-4-1。

第一组：喜欢唐僧的人数占第一组参与调查活动人数的三分之一
第二组：喜欢悟空的人数比第二组参与调查活动人数少七分之三
第三组：喜欢八戒的人数比第三组参与调查活动人数少二分之一
第四组：喜欢沙僧的人数比第四组参与调查活动人数少五分之二

图1-4-1

看到这个结果，多媒体出现八戒大笑的表情，同时伴随它的声音："这四个分数中，二分之一最大，原来喜欢我的人最多。"画面静止，围绕"哪个分数表示的数量最多？"这个问题，让学生展开辩论。

生1：我不同意八戒的观点。

生2：要想知道喜欢谁的人数最多，还要算出喜欢悟空等人的人数是多少。

生3：分数所表示的具体数量，与整体"1"的大小有关系。

……

根据孩子们的辩论，课堂上就可梳理出分数问题的解题步骤与方法。本课用核心问题引领学生思考，利用所学知识进行对比辨析，从而加深了学生对知识的理解。

（三）质疑：批判审视，促进思辨

学习要有批判精神，批判则要敢于质疑。"学贵有疑"，课堂上有的学生有疑问不敢提，或对他人的意见、老师的讲解、书本的结论本着听取、接受、记忆的态度，因此课堂平静如水，没有思辨的波澜，思维的发展受到限制。要打破这一僵局，教师可充分利用智能平台，打破时间与空间的限制，在互动中尊重学生的隐私权，提供一种宽松的环境，有效进行人机互动，让学生敢于质疑、学会质疑。

好的问题是学生创新意识的萌芽，能发现问题、提出问题是学生思维批判性的具体体现。问题能引起学生内心的冲突，激发学生参与交流研讨的愿望，引导学生在思辨中寻求最佳方案，使学生在"冲突—平衡—再冲突—再平衡"的循环和矛盾中不断强化探索发现意识，在主动完成认识结构的构建中培养创新意识。

在教学北师大版五年级上册"精打细算——除数是小数的除法"新知传授环节中，对"国内长途每分0.3元，通话费5.1元，打电话的时间是几分？"这个问题，列出5.1÷0.3这道式子后，先让学生运用所学知识尝试解决，接着向同桌说一说，最后进行班级展示。在学生反馈中出现了三种方法：（1）转化单位，5.1元化成51角，0.3元化成3角，进而算出51÷3＝17（角）；（2）利用商不变性质，把被除数与除数同时扩大10倍，也算出51÷3＝17（角）；（3）竖式计算（图略）。

鉴于学生对竖式计算出现的错误与理解上的困难，此时可通过平台推送图，让学生在平板上圈一圈、辩一辩。如：5.1里面包含几个0.3？因为0.3是3个0.1，5.1是51个0.1，51里面有17个3，也就是5.1里面包含有17个0.3，或者说每份是0.3的话可以把5.1平均分成17份，从而得出结论：用竖式计算，是把计数单位细分，当把一个计数单位细分为一个小的计数单位时，个数就多了，也就可以分了。

接下来还可追问：关于除数是小数的除法还有疑问吗？有一位同学提出：不移动小数点也可以计算吗？这个问题让学生在课后进行思考与验证后，发到平台与老师个别交流。从平台上可以看到几个学生的思考过程如下：

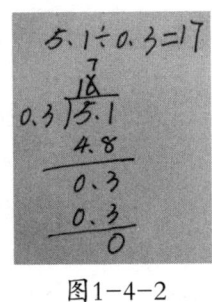
图1-4-2

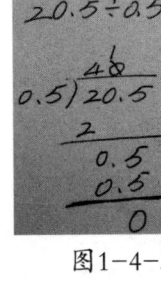
图1-4-3

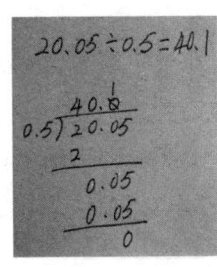
图1-4-4

图1-4-2：学生认为5里面包含有16个0.3，还余0.2，正好与十分位的0.1合成一个0.3，因此在6上进1得7，最后算出商是17。

图1-4-3：学生认为20里面有40个0.5，因此在十位上写4，表示4个十，个位上0除以0.5得0，十分位上的5表示5个十分之一，即0.5，0.5里面包含1个0.5，这个1要写在个位上，得出20.5÷0.5=41。

图1-4-4的学生的理由综合了前两位同学的观点。

显然，孩子们的思维非常缜密，辨析过程加深了他们对小数除法算理的理解，最后，大多数同学认为，把除数和被除数扩大相同的倍数（或把计算单位细分为一个小的计数单位）的方法，计算更为便捷。

质疑能力的培养是多渠道的，教学要从学生的角度出发，启于愤悱处，强于质疑时。

（四）合作：交流协作，探颐穷理

小组合作是课堂中一种充满生机和活力的学习方式，也是一种兼具趣味性与创新性的教学方法。小组合作学习需要良好的教学情景，人工智能可结合教材内容，将课程中的重难点以直观的课件进行趣味性呈现，能更多地吸引学生的注意力，让学生在合作中主动思辨，在思辨中探颐穷理，从而理解所学。

在教学北师大版三年级下册"平移和旋转"时，学生是在二年级初步感知平移和旋转现象的基础上进一步学习的，本节课重在直观体会它们的特点，通过操作体会平移和旋转两种运动的过程。为激发学生的学习热情，可采用小组合作的方式，让学生在有趣直观的课件中操作，在合作探究活动中思辨。

师：怎样才能移得快而准确？

生1：我认为看图形整体移动几格移得快而准确。

生2：我不同意生1的看法，看整个图形易错。我认为看图形的一条边，移动前后相差的格数，这样移得快而准确。

生3：我有好办法，只要找准图形中的一个点，看移动前后相差的格数，这样移得快而准确。

生4：我认为要先看方向，再移动图形，最后找个参考点看移动前后相差的格数。

之后在教学"旋转"时，为帮助学生理解"火柴棍扎在什么位置陀螺转得更稳"，也可借助课件，在图形随机位置上扎火柴棍与中心位置扎火柴棍进行模拟旋转，引发学生观察、思考，学生容易得出：无论什么形状的陀螺，火柴棍扎在中心位置转得最稳。而对于"什么形状的陀螺转得最稳"，学生有认为是正方形的，有认为是圆形的，此时，按小组方式，先让组内每位成员操作一轮，再让学生在小组里交流看法，学生逐步明晰：圆形陀螺转得最稳。这样一来，丰富的趣味性吸引学生积极参与合作，在游戏中相互交流，不断思辨，进一步感知了旋转运动的特点。

（五）巩固：沉潜审辨，把握本质

学习过的知识需及时巩固，沉潜于问题解决中，并在运用中，经过审慎辨别，明白知识中蕴含的道理。若同时结合信息化手段，可让练习更加有针对性。人工智能技术，可以进行大数据的分析，通过智能算法，记录学生的过程性和结果性数据并汇总，生成可视化的能力图谱，据此又可以发现学习过程中的问题，为学生提供个性化的学习资源做参考。

在教学完"小数除法"这一单元后，笔者对小数除法的计算方法进行了如下概括：

扩大：把除数扩大成整数，被除数也扩大相同的倍数。

顺序：从高位除起，先看除数是几位数，再看被除数的前几位，确定商写在第几位上。如果被除数的前几位比除数小，就多看一位，商就从这一位开始写。

对齐：商的小数点与被除数的小数点对齐。

检验：用乘法检验除法的计算结果。

虽然学生对以上方法已倒背如流，但在计算中还是会出现错误：有的小数点忘记点，有的没有将除数化成整数，有的除数化成整数而被除数没有扩大相同的倍数……

针对以上错误，通过人工智能平台每天推送5小题小数除法口算题进行训练，可以快速改进。智能平台能在学生提交答案后，及时给出正确与否的判断结果，可促使学生在面对自己的情况后再次思辨，于更正中巩固小数除法的计算方法。此外，学生可以从平台资源库提取针对性的习题进行训练，逐渐养成良好的计算习惯。

教师收集到学生的练习信息，可通过人工智能的方式用"柱状图""扇形图"等进行统一整合，以图表方式对比分析，发现学生掌握计算知识中的困惑点，再适当调整教学内容，让学生在新一轮"质疑—思辨"中突破难点。

（六）创新：内化方法，创新思维

学生是学习的主体。现代教学理论认为：课堂教学的一项重要任务，是培养学生的主体性，促进学生全面发展。

如学习完"圆的认识"后，可设计开放题"套圈"。教师以矿泉水瓶为圆心，让每组选一位参赛者来套，声明套中的矿泉水瓶奖给冠军组。而后教师把圈分给位置不同的四位选手，让他们开始投圈。教师话音刚落，教室瞬间炸开了锅，学生纷纷议论：这个规则不公平；老师怎么会这么草率定规则；中间的同学离矿泉水瓶这么近，他投中的机会肯定大……适时可组织学生讨论："怎样的游戏规则才是公平的？为什么？"

在反馈环节，学生说出了很多巧妙的方法，如：四位选手站在同一位置，一个一个轮流投圈；让选手站在以矿泉水瓶为圆心的一个较大的圆的边上投。最后，游戏在公平竞争的氛围中进行，学生的创新意识被激发，不仅学会学习，而且学会生活，增强了创新意识。

思辨让数学教学的工具性和人文性这"任督二脉"得以打通，使学生的学习更加灵动、和谐，能沟通数学知识与素养培养的联系，帮助学生感悟数学知识蕴含的道理，内思外辨，圆融共生，从而激活学生个体的思维走向更深、更广、更宽之处。

第二章

小学数学"思辨课堂"的建构探索

第一节　了解学生实际，培养思辨意识

在以往传统的注入式课堂教学中，人们关注更多的是教师的"教"；而新课程改革的今天，人们倍加关注的是学生的"学"，倡导互动教学。"思辨课堂"从了解学生开始，用问题情境引导，让学生用数学的眼光去观察、发现数学问题，把核心问题变为思维启动的引擎，在数学活动中探索道理，在辨析表达中促进思维的发展。

一、了解学生的学习心理，以趣激思

小学生有一个普遍心理特点：对教师的喜爱程度，决定了他对教师所教学科的喜爱程度。正如孔子说："亲其师，信其道，乐其学。"美国心理学家布鲁纳指出："情感不一定伴随认识效果自然而然地产生和发展，它需要教育者专门的评价和培养。"要培养学生的学习兴趣，教师就要捧出爱心、倾注爱意，促进学生对学习的喜爱，当教师对学生充满关爱和期待，用一颗真诚的心去付出、包容，学生自会给教师相应积极的情感回报，这种情感的迁移，可触发学生积极的、高效率的思维活动。

例如，在教学"圆的周长"时，先播放"神舟七号"宇宙飞船从大地腾起飞向太空，到并轨后进入预定运行圆形轨道的剪接画面，以此激发学生的爱国情感。当画面闪烁着飞船围绕地球离地面 343 千米的距离旋转时，问学生飞船绕行地球一周的长度是多少千米。学生人人激动，又面面相觑，产生认知冲突——怎么计算呢？让学生处于这迫切求知心理作用下时，组织学生以小组合作实验，分别用绕绳法、滚圆法等，测量出课前自己准备好的大小不同圆的周长和直径长度，逐一填写在实验报告单上，并从这些数据中得出发现：圆的周长总是它直径的 3 倍多一些。再利用多媒体介绍祖冲之在长期生活实践中得出的"周三径一"和刘徽的"割圆术"。这一教学片段以现实为载体，自然渗透数学文化，让学生情感再一次被激发。在学生得出圆的周长公式 $c=\pi d$ 后，又播放课前"神舟七号"飞船并轨后绕地球的画面，让学生运用所学的知识，解决飞船绕地球一周的长度的问题。

这样的情境创设，不但丰富了数学学习活动的内容，拓展了学生探索的空间，还让学生从小受到文化熏陶，能全身心地投入学习活动，获得深层次的认知策略和良好的情感体验。将教学认知与情感自然和谐地统一起来，改变过去那种情感活动基本上被排除在教学活动之外的孤立智力活动，无形中给教学披上浓重的情感色彩，使学生的学习主动性被充分调动，情绪空前高涨，认知不断深化，从而品尝到学习成功的快乐。

二、了解学生的认知规律，因思而辨

现代认知科学认为，知识并不能简单地由教师或他人传授给学生，而只能让学生自己动手主动地加以建构。学习任何知识的最佳途径，都是由学生自己去发现，因为在自主发现知识的过程中，学生主动思考，经过辨析、辩论，最后辨明知识中隐含的道理，这种经历印象深刻，容易帮助学生掌握知识的内在规律、性质等。

例如，在教学"长方形面积计算"时，先让学生小组合作，从学具盒中取出24个面积大小相等的1平方厘米的小正方形，自由摆拼成一个较大的长方形，之后数一数小正方形在每排的个数，摆成几排，与面积有什么关系。

生1：我们组先数出12个小正方形排成1排，然后再摆上1排，就成了面积是24平方厘米的长方形。

生2：我们组是把6个小正方形摆成一排，24个正方形，可以摆成4排，排成的长方形面积就是24平方厘米。

生3：我们组是把24个小正方形摆成3排，每排都是8个，排成的长方形面积是24平方厘米。

将上述学生回答整理成下表并给予及时的肯定和表扬。

	每排个数	排数	总个数	面积（平方厘米）
长方形①	12	2	24	24
长方形②	6	4	24	24
长方形③	8	3	24	24

让学生回想刚才的操作过程，并观察上表，讨论几个问题：（1）

每排个数、排数分别相当于长方形的什么？（2）长方形的大小是由什么决定的？（3）长方形的面积与它的长和宽有什么关系？

生4：每排个数就是拼成长方形长所含的厘米数，排数就是宽所含的厘米数。

生5：长方形的面积就是拼成的长方形中所含1平方厘米正方形的个数。

生6：长方形的面积等于它的长与宽的乘积，从表中看出大家摆的块数相同，也就是面积相等，且正好等于它们各自长与宽的乘积。

接着我又让学生以小组合作任意摆成几个"规格"不同的长方形。验证一下每个长方形的面积是否都是等于它的长与宽的乘积，请每个小组一边实验一边填写下表，观察后再回答。

	长（厘米）	宽（厘米）	面积（平方厘米）
长方形①	5	4	20
长方形②	8	2	16
长方形③	7	3	21

最后，全体学生高声呼叫："老师老师！我们长方形的面积真的是等于它的长与宽相乘之积。"在上述教学片段中，教师充分发挥了学生自己动手、动脑、动口能力，在拼摆、观察、对比、讨论中自主揭示知识的产生，自主感受发现体验规律的快乐。这种符合学生认知规律的教学方式，体现了教学的有效性。

三、了解学生的生活经验，以辨促思

数学源于生活，也用于生活，新课标指出，要使学生初步学会运用数学的思维方式去观察、分析现实社会，去解决日常生活中和其他学科学习中的问题，增强应用于生活的实践能力。让学生自主解决简单的问题是我们的数学教学的目的所在，其实就是让学生能用所学的数学知识和思维方法去解决实际问题，从学生解决问题的能力中充分体现课堂教学有效性的持续。小学数学学科开设了"生活中的数学""生活中的测量""计划购物""开办小商店"等课时，使学生初步具备把现实生活中的实际问题转化为数学问题的能力，毋庸置疑，它们对培养学生的创造性实践能力也提供了更多的机会。

例如在教完"圆的认识"这一单元之后，我就安排一节综合实践活动课，要求学生利用圆的知识解决生活中的实际问题："教学楼左侧有一块长30米、宽15米的空地，学校想在这块空地上建一座圆形的花坛，种上各种花供同学们观赏，如果让你来设计，你会如何设计？请画出花坛的整体平面效果图，并要预算出：（1）这个花坛的占地面积是多少？（2）沿花坛边贴瓷砖一圈有多长？（3）花坛内各种花拼成的图案的设计意图是什么。"同学们一听是帮助学校设计花坛可来劲了，不断想出金点子，设计出一幅幅美观适用的平面图，充分展示了同学们运用已有知识和经验解决实际生活问题的能力。

四、了解学生的已有认知，思辨创新

每个人在心灵深处，都有一种根深蒂固的需要，就是希望自己是一个成功者、胜利者。我在日常教学中，常利用小学生的好胜心，创设竞争情境，看谁的解法多、方法妙，激励学生积极参与，在思辨活动中创新。

例如：一个圆锥与一个圆柱的底面积相等，已知圆锥与圆柱的体积比是1∶6，圆锥高是4.8厘米，求圆柱的高是多少。

生1：设圆柱、圆锥的底面积为 s 平方厘米，列出的方程是：$(\frac{1}{3} \times s \times 4.8)∶(sh)=1∶6$，解得 $h=9.6$ 厘米。

生2：设圆锥的体积是1立方厘米，圆柱体积是6立方厘米，先用 $1 \div (4.8 \times \frac{1}{3})=\frac{5}{8}$，再用 $6 \div \frac{5}{8}=9.6$ 厘米。

生3：我是把圆锥想象成底面积不变的圆柱，这个圆柱的高是原圆锥高的 $\frac{1}{3}$，即 $4.8 \times \frac{1}{3}=1.6$ 厘米，因为题中圆锥与圆柱底面积相等，圆柱体积是圆锥的6倍，也就是 $1.6 \times 6=9.6$ 厘米。

生4：我知道"等底等高的圆柱的体积是圆锥的3倍"，那么题中圆柱的高就是圆锥的2倍，即9.6厘米。

学生在上述"竞争学习"情境中激活了思维，创新潜能得到了充分的发挥和展现。在数学教学中，教师一定要潜心了解学生的生活背景、已有知识、认知规律、心理特点等，这样才能极大限度地为学生提供最为合理的学习材料，创设更好的教学路径，使学生在主动探索数学学习中思辨相融，真正达到教学的有效性。

第二节　在宽松的心育情境中学会思辨

在小学数学教学中渗透心理健康教育是教育教学中不可忽视的内容之一，良好的心理是小学生健康成长的重要因素之一。我在教学实践中发现，宽松、有趣的教学模式能有效渗透心理健康教育，让学生在宽松的情境中学会思辨。

一、课前在线学习，消除学困心理，激发思辨意识

在线学习是通过信息技术让学生在网络上进行学习。它由教师先将精心设计制作的在线微课、思维导图等上传到网络平台，学生带着明确的学习目标参与其中，以达到在轻松的环境下进行学习、理解新知，从而提高学习能力，消除学习困难，产生思辨意识。

（一）微课导学，给足思考时间

微课是教师围绕教材中的知识点，借助 PPT 等进行讲解而录制成的视频。教师以微课呈现出图文并茂、视听结合的效果，让学生在课外网络环境下重复看，可以消除学生听一遍不懂而不好意思问、离老师远听不清而不敢问等学困心理，从而促使学生在轻松的环境下进行思考，学会新知。

例如在微课"分数乘分数"中，首先用数学文化吸引学生的注意力。我国是一个历史悠久的文明古国，对数学的研究可确切追溯到2000多年，如《庄子·天下篇》中记载：一尺之棰，日取其半，万世不竭。为什么会截不完呢？接着借用图示讲解分数乘法的意义及算法：出示一尺之棰，日取其半，就是取它的二分之一，还剩整个棰的二分之一；第二天取剩下的二分之一后，剩下的部分占整个棰二分之一的二分之一，可以如何列式呢？根据分数乘法的意义可列成$\frac{1}{2} \times \frac{1}{2}$，从图中可知是四分之一；第三天取了一半，剩下的是多少的二分之一呢？……这样一直也取不完。再次明确分数乘法的意义——表示一个数的几分之几。最后出示$\frac{1}{4} \times \frac{1}{4}$，并用折一折、涂一涂、画一画的方式理解分数乘法式子的算理——分数单

位乘分数单位，形成一个新的分数单位，探索分数乘法的算法——分子相乘的积作分子，分母相乘的积作分母。

色彩丰富、主题突出的画面，把抽象的分数乘法的意义以直观的方式呈现，引发了学生的思考，让学生印象深刻，便于理解。微课学习给予学生足够的思考，可照顾不同思维水平的学生，让他能进行有效地思考、辨析。在微课反馈表中，一位学生这样写道："老师我看了三遍，不仅明白分数乘分数的意义，而且计算也快，看这是我的练习（上传图片略），组长改了是全对！"看到孩子的进步，我与他一样开心，是的，学生喜欢的学习方式就是最好的。

（二）导图引航，明确思考方向

思维导图是运用图文结合把各主题词的关系用系统的层级图表现出来，把主题关键词与图像、颜色等建立记忆链接。它能充分调动左右脑的机能，利用记忆、阅读、思维的规律，让人在逻辑与想象之间平衡发展，从而开发大脑潜能。

数学知识逻辑性强，教师根据知识点间的联系巧妙设计思维导图，配以图片、颜色，把知识构建成一个体系，学生在导图的指引下对知识进行循序渐进的思考，让预习有了"拐杖"和"路径"，使思考不再是杂乱无头绪、孤单无助。

例如，在教学北师大版四年级上册"小数的初步认识"一课的思维导图中，根据小学生的心理与认知特点，在导图中把与小数有关的知识由浅入深建立起知识系统（如图2-2-1）。

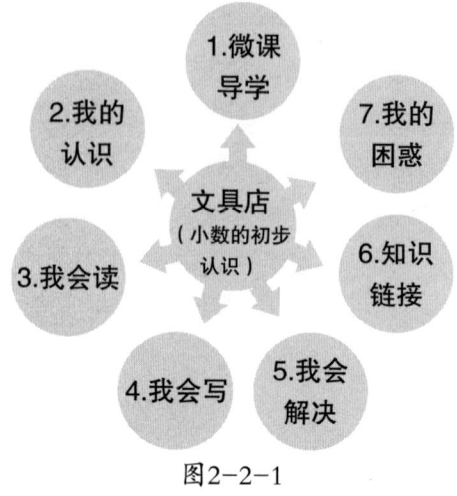

图2-2-1

导图中知识由旧知引入新知，在读写与解决问题中安排超市购物，在购物中学习、运用小数，使学习贴近生活，充分体现数学知识的实用价值。最后，让学生提出困惑，经过思考发现问题、提出问题。导图图文结合，由浅入深，简易明了，有助于学习。

二、课中合作交流，增强参与心理，在互动中思辨

经过课前预习，学生已初步掌握新知，有表现与展示的欲望，可在课堂上安排合作交流环节，为学生提供机会，培养孩子们的合作精神、表达能力、乐于助人的品质等。新课标指出，要充分激发学生的主动意识和进取精神，倡导自主、合作、探究的学习方式；在合作中充分调动学生的参与意识，不仅接受自己，而且悦纳他人。

（一）生生合作，互动思辨

上课伊始让学生在小组内交流自己的课前所得，每个小组成员均要发言，都有思辨的机会，在辨析的同时梳理自己所得，并提升对该知识的理解。

例如在"尝试与猜想"一课的教学中，设计如下小组讨论要求：（1）解决鸡兔同笼问题需已知哪些条件？（2）解决这类问题可用什么方法？（3）用列表法解决问题时需用几列？怎样尝试才猜得快？（4）解决这类问题要注意什么？（5）习题中遇到了什么问题（困惑）？

因为人人都要说，并有课前预习，大大激发了孩子们的参与意识，他们在互相交流中思辨，梳理了自己的知识，使之更加系统化。

（二）师生合作，聚焦思辨

"小疑则小进"，只有不断反思才能进步。生生合作中不能解决的难点问题提出来后，可在全班交流，师生合作。这里的问题应是有思辨价值的问题，是孩子们经过探究仍未掌握并急于解决的问题，关注度高，众人参与意识强烈，教师若适时点拨，学习效果更佳。

例如，"圆的周长"一课，在线反馈中学生提出了困惑：（1）圆的周长在测量时如何避免或减少误差？（2）周长相等的圆、正方形和长方形，哪个面积大？（3）计算圆的周长有简便方法吗？

学生的这些问题正是本课的重点问题及相关延伸，可见学生在导图引导下已进行更多的个性化思考。

这些问题在多媒体屏幕中出现并备注学生的姓名，教师首先表扬孩子们善于提问、爱思考，提出的问题很有价值，再根据这些问题开展进一步的思辨，在课堂中探究出答案。整个过程提问者细心倾听，解答者认真辨析，这种新型的师生关系有助于孩子形成自尊、自信、自强的健康心理，激励学生主动参与学习。

三、课后游戏拓展，满足成功心理，培养思辨意识

每个人都渴望成功，每一次的成功都将增添人的自信心。在数学学习后，可安排相关的游戏拓展，让学生综合运用所学的知识去获得成功，满足学生的成功心理，进而激发学生学习数学的兴趣，培养学生的思辨意识。

（一）游戏体验，形成科学的态度

卢梭在《爱弥儿》中写道："真正的知识是脚踏实地通过自己的感觉而获得，而不是从他人的知识中得来的。"我们要鼓励学生在玩中学习，多种感官同时参与活动，有效克服注意力易分散的特点，形成认真、不怕困难、实事求是等科学态度。

例如，在教学"组合图形的面积"后，可安排七巧板拼图游戏，要求以小组为单位，利用不同数量的板拼出不一样的图案，并能快速算出图形的面积，拼出的图案多且计算正确的小组为此次竞赛的冠军。孩子们依据材料从美感、形象、面积大小等角度创新设计，经过反复思辨，呈现多个作品。期间，孩子相互合作、认真思考、严密计算的学习态度让人佩服。

上述片段教学中，教师为了保护每一个学生的独创精神，对每一个学生都要给予充分的肯定，使每一个学生都感到我能行，我能学好数学，可享受到学习成功的愉悦心理体验。

（二）游戏探索，培养执着的信念

信念是指人们对某种观点、原则和理想等所形成的内心的真挚信仰。小学生对学习的信念需要在教学中有意识地加以培养，有了这种信念以后，孩子将变得更会思考。

例如，在教学"长（正）方体"后，可安排趣味数学赛——玩转魔方。经过对长（正）方体的认识及三周时间的练习，大部分学生对正方体有6个面、12条棱、8个顶点已熟记于心，对每块颜色也有了直观接触并建立了良好的空间想象能力。在竞赛现场，孩子们全神投入，认真

观察，有效渗透了专注、文明倾听、赏识他人、勇于竞争等心理因素。此次竞赛只是对三阶魔方的一次比拼，却激发了部分孩子对四阶、五阶等魔方的兴趣。该教学让学生处于一种轻松愉快的心理状态，形成一个无拘无束的思维空间，激发了学生独立思考、勇于创新的能力，坚定了学生继续前进的信念。

要实现学生的数学学习达到能思善辨这一追求，教师在教学中不仅要注重数学思考，还要在恰当的时间进行适合的教育，把心理健康教育适时渗透到教学的各环节中，让学生有从不同角度、不同视野展开审视和剖析的时间、空间及兴趣。

第三节　提升学习力，催发有效思辨

学习力是学习者以实现自我意识和自我超越为目的，全身心参与，发挥各种内在潜能，在学习生活中所必需的促进终身学习和自主发展的一种综合活力。学习力的提升可以应对学生个性化发展的需要，为学生的未来找到发展的空间。课堂是培育学生的主阵地，"思辨课堂"有助于学习力的提升，而学习力的提升又能催发有效思辨，最终促进学生个体的发展。

一、宽松氛围，激发学习动力

动力是人从事某种活动的兴趣，是人的一种内驱力，是人的活动的内在动机。学习动力驱动能使人更自觉主动地参与学习，而学习动力的形成，源于良好的氛围。

（一）营造良好的师生关系氛围

"亲其师，信其道。"当教师与学生关系融洽时，学生喜爱教师，同时也喜爱他所讲授的课程。良好的师生关系，是教师开展教育教学工作的情感基础。教师要关注每个学生的心理特点、认知能力、社会程度、个体差异，注重反思与发展自我，激发学生对自己个人和所教授学科的喜爱与兴趣。

每接一个班级，我的做法是与学生交朋友。课堂上用平等、幽默的语言，让学生消除与教师的距离感，特别是课堂不守纪律的孩子，不是严厉呵斥，而是投以信任他会改正的目光，常提醒或赏识他的长处，发现他的优点，让他慢慢改正缺点。课后与学生真诚交流，当孩子遇到学习或生活上的困难时，常进行个别谈话、辅导，或利用微信与学生进行线上交流，对孩子遇到的困难及时给予帮助。当孩子感受到教师对他的爱，他们会喜欢听教师的课，进而喜欢相应的课程。

（二）营造良好的学习情境氛围

小学生的思维特点是直观形象思维占主导，对抽象的数学知识学习难免觉得乏味，缺乏学习动力，因此，教师要根据学习内容、学生的心理特点和生活经验，创设良好的学习情境，让学生能够感受到学习的生活化，增添学习的趣味性，给学生以启迪，激发学生积极学习的动力。

例如，在教学北师大版五年级下册"确定位置"时，可结合实际生活创设情境："同学们对我们的家乡建瓯了解吗？建瓯山川秀美、人杰地灵，是一座历史悠久的城市。建瓯有许多名胜古迹，你们都知道哪些呢？同学们，这是一张以实验小学为中心的建瓯名胜古迹分布示意图，老师想请大家当小导游，带领老师去参观，第一站就到孔庙，从实验小学出发，该怎么走？你能说出孔庙相对于实小的具体位置吗？"学生在熟悉的环境中学习，非常积极踊跃。

二、注重体验，提高学习能力

学习能力是指个体从事学习活动所需具备的心理特征，是顺利完成学习活动的各种能力的组合。学习能力需要培养，小学生正处于各种能力发展的关键时期，要在思辨活动过程中对小学生进行系统的学习能力培养。

（一）在思辨过程中渗透思想方法

数学教学有两条线，一条是明线，即数学知识的教学，一条是暗线，即数学思想方法的教学。数学思想方法是数学的灵魂，是开启数学知识宝库的钥匙。

例如，在教学"圆柱的表面积"时，先让学生回顾长方体、正方体表面积指的是几个平面图形面积的和。接着，提出思辨问题："圆柱体表面积指的是哪几个面的和？该怎么计算呢？"此处运用类比思想，让学生明白求物体的表面积，就是求几个表面积的和；接着聚焦到圆柱侧面，引导学生把圆柱侧面这个弯曲的面的面积转化成我们已学过的平面图形的面积进行探究，体会变中的不变，运用转化思想解决数学问题。

又如，在进行北师大版五年级下册总复习时，为调动不同思维水平学生的思考，让每位学生在已有知识储备的基础上，对一学期以来所学知识进行梳理辨析。同时渗透数形结合的数学思想方法，设计核心问题："这个学期运用画图解决的问题有哪些？能举例说说吗？"有的学生说，在解决立体图形的面积、体积、棱长总和时，可以通过画图，让题意更加直观。有的学生说，在理解分数乘法的意义时，常用画图的方式来理解算理。有的学生说，在解决分数应用题时，通过画图能更好地看出数量间的关系。从学生的辨析中，已反映出学生对数形结合思想的运用。

（二）在互动辨析中获得巩固提升

每一个人都生活在社会群体中，在与他人的互动辨析交流中常产生许多奇思妙想，我们的教学亦如此，就是一个师生、生生互动的过程。新课标明确提出教师要"引导学生独立思考、主动探索、合作交流，使学生理解和掌握基本的数学知识与技能、数学思想和方法，获得基本的数学活动经验"。

在讲评习题课中，由于数学知识是学生已学过的，因此优秀生觉得缺乏挑战性，而后进生知识遗忘现象严重，难题不会解答，课堂很难调控。此时采用小组合作学习的方式，让小组长组织成员表达自己的看法，简单问题组内帮忙解决，难的问题教师全班指导。难的问题后进生不会，优秀生也表述不清，这时大家就会关注老师的引导。在合作辨析中，后进生有发言的机会，优秀生有近距离指导的成就感，难点师生交流，这样生生、师生互动的课堂，让每个学生都有参与的机会与兴趣，使不同程度的学生得到不同的发展。

三、创新评价，增强学习毅力

心理学研究表明，来自学习结果的种种反馈信息，对学习效果有明显影响。积极的教育评价起着指挥棒的作用，能帮助学习者调整学习方向和学习方式，从而提高学习效果，增强学习者的学习毅力。学习毅力对培养学生积极探索与创新的能力有极大的促进作用。

（一）以点带面，指导性评价

课堂上，当一个孩子发表他对问题的看法时，可能有大部分学生想法与他一致，此时教师要对这一看法进行指导性评价，让同一想法的孩子有进一步思考的方向，并产生执着追求的毅力。

（二）深度融合，个性化评价

班级授课中人数多，时间有限，不可能对每个学生的想法一一倾听，有些学生想与教师、同学交流的热情一旦被熄灭，学习毅力便会随着消失。信息技术与教育的深度整合，让一对一的教育评价成为现实。

课前，学生借助微课自主学习新知，在微信或学习平台中提出自己对新知的看法或困惑，生生互议或老师点评。这种及时的评价让学生意识到自己的存在感，能以学习小主人的角色进行学习。学生在预学中遇到学习困难，主动去思考、发现问题，并尝试着解决问题，如果得到老师个性化的指导，那么学生在学习过程中就会体验到成功感，从而形成更强的学习毅力。

（三）赏识教育，激励性评价

部分学生的落后是暂时的，是因为其潜能没有得到较好的开发，所以我们不要在学生解题困难时去评价他们，而是鼓励他，哪怕一个善意的眼神，一个及时的点拨，都可能是莫大的鼓舞。

一次在解计算阴影部分面积的习题中，有几位后进生两眼看着黑板上的习题，时不时皱下眉头，迟迟不动笔，这是个信号——遇到困难了。此时，我用手在图上指了一下辅助线的位置，并投给学生一个鼓励的微笑，他们的手动了，也解出了该题，答案完全正确。

四、关注思维，培养学习创造力

发散思维，是大脑在思考中呈现的一种扩散状态的思维模式。发散思维是创造性思维的最主要特点，可以帮助大脑维持一个灵敏的状态，让大脑保持兴奋。

（一）思维导图，促进发散思维

思维导图从一个思维点出发探求多种不同解决方案，能使人产生大量的创造性设想，摆脱习惯性思维的束缚，使孩子们的思维趋于灵活多样。

例如，在"立体图形"复习时，可让学生制作思维导图，以平面图形的面积为思维出发点，把平面图形面积相关的知识用图形、符号、线条自主建构横向与纵向联系，形成易于理解的知识结构网，同时提出生活中与之相关的问题。不同的孩子有不同的建构方式，同一问题也会呈现出不同的结果。

（二）一题多解，助力发散思维

数学知识综合性较强，通过鼓励一题多解，不仅可以唤醒学生已学过的知识，而且能更深入地理解、沟通知识间的联系，提高学生解决问题的能力，使学生的发散思维得到培养。

例如，教学"桃树比梨树多72棵，梨树的棵数是桃树棵数的五分之四，桃树与梨树分别有几棵？"时，培养学生进行发散性思辨。解法一：用比的知识解，72÷（5-4）=72（棵），桃树为72×5=360（棵），梨树为72×4=288（棵）。解法二：分数法，桃树为72÷（1-$\frac{4}{5}$）=360（棵），梨树为370-72=288（棵）。解法三：方程法，解设桃树有 x 棵，$x-\frac{4}{5}x=72$，$x=360$，梨树为360-72=288（棵）。以上解法，回顾了用字母表示数、按比例分配、分数的意义、分数乘法的意义等方面的知识，渗透函数思想、对应思想等，能帮助学生灵活运用所学知识解决问题，掌握解决问题的方法，促进思维的发散。

（三）开放设计，多角度思辨

在以学生为主体，让学生积极主动参与、探索的创造模式中，开放题被认为是最有教育价值的一种数学问题的模型。数学开放题的特征是条件不充分，或没有确定的结论，因此开放习题的解题策略往往也多种多样，如"租车问题""计划购物""开办小商店"等，毋庸置疑，它对学生创造力的培养提供了更多的机会。

小学阶段是学生学习力发展的关键期，是学生智力、能力和良好习惯养成的最佳时期，在学习力提升的同时，应催发有效思辨，为孩子的一生奠定良好的基础。

第四节　巧设问题情境，引发积极思辨

创设问题情境的教学，能激发学生探究知识的欲望，调动学生主动参与学习的积极性，引发积极思辨。创设问题情境，让情境教学贯穿在课堂教学的每个环节，要以核心问题引领思辨活动，培养学生从小善于发现问题、提出问题、解决问题和勇于探索、敢于创新的学习品质。

一、设问导入，由趣引思

传统的数学课堂教学，教师都是从复习旧知开始，如学"小数除法"必先出示小数乘法计算题，学相遇问题必先练几道单物体运动习题，这样使学生在一开始上课便觉得问题简单，不需要太多思考，同时老师又要求认真听，不许讲话，不许做小动作，真是苦不堪言，哪来的质疑、思辨、创新？要想让学生在课堂上不断对新知识产生怀疑，思维活跃，那么教师在上课伊始就要把学生的注意力牢牢吸引住。因而在设计时，不妨通过故事藏题、动画引题、竞赛题、游戏题等，使学生了解知识产生、发展的背景，造成认知冲突，诱发他们的主动性和积极性。

例如，教学"梯形面积的计算"一课时，可通过轻松愉快的谈话引入。"同学们在日常生活中发现哪些物体上有平面图形？你知道这些平面图形的面积是多少吗？"由于问题贴近日常，学生发言非常踊跃，在这样的氛围里，学生参与回答的意愿增强。当一名学生说："我发现堤坝的侧面是梯形，它的面积公式是：（上底＋下底）× 高 ÷2。"我问："你是怎么知道的？"生答："我是通过预习知道的。"我问："真不错，提前预习是良好的学习习惯。那么你能说说梯形的面积公式是如何推导得到的吗？"这位学生笑答："不知道，我在预习中只记住梯形的面积公式。"我马上抓住这一契机引发学生思辨："想一想，平行四边形、三角形面积公式我们是如何推导的？它们的推导过程会给我们推导梯形带来怎样的启发呢？这节课就让我们一起来研究梯形面积的计算。"学生的好奇心被激发，表现出极大的兴趣，进入了颇佳的学习状态。

目标是教学活动的"方向盘"和"指南针"，也是一节课的出发点和归宿，这在复习课中显得尤为重要。有些内容的教学，可让学生自己提出问题目标。如在进行"多边形的面积计算"的复习课时，可向学生提出"通过本课复习想达到什么目标？"的问题。学生讨论后得出几个问题:（1）面积单位有哪些？（2）这些多边形面积的计算公式各是怎样的？它们是怎么推导出来的？（3）计算面积时要注意哪几点？（4）面积公式如何运用？由于问题是学生自己提出的，因而学生在解决时显得特别有兴趣，自觉依据目标，在复习的过程中自主思辨，从而提高复习效率。

二、设问观察，因思而辨

新课标明确指出，让学生"初步学会运用数学的思维方式去观察、分析现实社会"。教学要重视让学生在观察中发现新知，充分发挥学生的主体性。

例如，教学"商不变性质"时，可让学生带着问题去观察发现，让学生围绕问题进行有目的的观察。教学中，先让学生带着问题"说出这些算式有什么联系和区别？从中你发现了什么规律？"去观察 $10÷2=5$，$20÷4=5$，$30÷6=5$，$40÷8=5$ 几个算式。

生1：这些算式中被除数和除数都不一样，但它们的商相同。

生2：我发现第一个算式中的被除数和除数分别扩大2倍就成了第二个算式中的被除数和除数，同时扩大3倍、4倍后分别得到第三个和第四个算式，它们的商不变。

师：（及时予以表扬，并规范表达）被除数和除数同时扩大相同的倍数商不变。

生3：老师我是由右往左看，发现被除数和除数同时缩小相同的倍数，商也没有改变。

由此，学生自己总结发现了商不变性质，印象深刻。

三、设问实验，自主思辨

数学知识的显著特点是具有严密的逻辑性和高度的抽象性，这就要求在教学中必须加强实践操作能力的培养。实践所展示的生动、具体的事实，可让学生有深刻的感性体验，更容易解决心中的疑虑。

个人见解带有一定的局限性，学生对自己的短处总不易发现，而对别人的不足善于指出，基于这一点，在让学生实验时一般采用小组合作的形式。新课标也指出,运用小组合作实验,通过讨论和交流共同解决问题。

例如,在教学"梯形面积公式的推导"时,先让学生提出通过试验想达到什么目的,整理后出示问题:(1)找两个完全一样的梯形,能拼成一个已学过的图形吗?(2)梯形的上底和下底与已拼成的图形的底和高有什么关系?(3)梯形的面积与拼成的图形的面积有什么关系?(4)梯形的面积计算公式是怎样的?接着分好学习小组,每组领一个学具袋(内装几种不同形状的梯形,其中有两个完全一样的梯形)。学生的思维已被激活,按问题指向进行实验,有的用两个完全一样的梯形拼成了长方形,有的用两个完全一样的梯形拼成了平行四边形。小组成员对不同的情况进行研究与探讨,互相协作,从而推导出梯形面积公式为:(上底+下底)×高÷2。

四、设问应用,深化思辨

数学具有实用性,应让个体看到数学对自己的价值,并展示出新的可能和方向。知识的运用是学习的目的,也是检验知识掌握情况的重要标志,还是加深思辨的重要环节。只有通过运用,学生才能真正理解数学知识,才能暴露不足并进一步有针对地加以纠正完善和深化理解。

如在复习完多边形面积计算公式后,可让学生思考:"这些多边形面积计算,除了这些公式还可以用其他方法求吗?"学生通过观察,发现这些多边形面积都可以套$(a+b)h \div 2$的公式进行计算,进而深化对多边形面积计算公式的理解,很容易地完成书本后的习题。

现代的数学教学,教师一定要善于创设情境,有效地培养学生的问题意识,因为"提一个问题往往比解决一个问题更重要",当学生的问题意识得到培养,才能催发有效思辨,为进一步发展提供可能。

第五节 在自主探索中主动思辨

著名教育家陶行知先生曾说:"好的先生不是教书,不是教学生,而是教学生学。"当前建瓯市推行"自主互助,展示反馈"的课堂教学模式，其核心是站在学生发展立场上去思考问题，体现以人为本精神，构建学习共同体，实现生命个体间的互动与思辨。这样的课堂，教师授课时间减少了，学生自主学习时间增多了，学生有了更多的思辨机会。

一、自主预习，以学定教

自主预习是课前让学生带着老师确定的本课学习目标去自学教材，也就是让学生与课本先对话，目的是培养学生自主思辨的能力。学生通过预习，了解新知，而课堂谈话则让学生把课前独立探究的结果呈现在同学们和老师的面前，同学们在互动中思辨，教师相机引导，把学生不成熟的点状思维串联成线，突破重难点，从而建立较完整的知识结构。

例如，在教学北师大版五年级上册"动手做"时，让学生通过看书，认识图形的高，并作出"练一练"中图形的高。课堂上先让学生用自己的语言说一说什么是图形的高。

生1：是一条垂直的线。

生2：我补充，是一条垂直的线段。

师：是一条线段，因为它有两个端点。（画出一个锐角三角形，指定底边）谁能作出这个三角形底边上的高？

出现四种情况：第一种从顶点引出的线未垂直底边，而是斜交于底边；第二种从三角形的半腰上引一条线垂直于底边；第三种未作指定底边上的高；第四种从顶点作对边的垂线段。

教师根据四种情况以学定教，先引导学生观察四种作高情况，对比辨析，说说前三种作法的不足之处，进而引导学生总结出三角形高的准确定义。接着让学生画出另两条底边上的高，并说说这样画的理由是什么，同时谈谈准确画高的技巧。

通过上述谈话、引导、操作以学定教，在学生对高已有认知的基础上，引导学生分析比较，对高形成准确的理解，使教学更具针对性。

二、互助帮学，以学促教

新课标明确指出："培养学生学会与人合作，并能与他人交流思维的过程和结果。"合作学习是现代教育的重要特点，是提高课堂主动参与效率、拓宽学生情感交流渠道的重要方法。"思辨课堂"教学模式中的"互助学习",上课伊始让学生先在小组中互相汇报交流自己预习情况,从而达到在互动中思辨,促进共享。小组合作讨论,成员之间互动思辨,用集体的智慧解决问题,减少了教师的授课时间。

例如,在"约分"一课中,学生已学会利用分数的基本性质进行约分的方法,但实际运用中约分之后得到的不是最简分数或分子分母不是除以相同的数,有时还有计算错误的情况,此时可出几道基础练习题,完成后组长组织小组成员互相辨析。在这个环节里,多数组员能准确作答,在相互讲解的过程中,加深了对约分知识的理解,总结出了学困生约分过程中的典型错误。小组内学困生在其他组员近距离的讲解中,听得清楚,有针对性,处于一种平等的氛围中,排除了不懂装懂、一知半解情况和惧于向老师请教的心理,促进学习的效果。

三、展示说学,以学思教

"学习金字塔"理论认为:学生学完后马上教他人,这种学习方式效果最佳。在各小组讨论结束后,小组长到讲台前,在展示台上讲解展示小组共同讨论的结果,把运用新知解决问题的过程讲出来。其他小组有不同意见,可以补充,相同的方法也可以展示。不同小组有重复的过程,也有标新立异的解法,这样一来可巩固新知,有效提高课堂效率。

例如在教学北师大版五年级"鸡兔同笼"时,出示练习:"停车场内有三轮车和小轿车共25辆车,95个车轮,问:三轮车与小轿车各有几辆?"各小组讨论运用列表法计算出三轮车与小轿车的辆数后,展示讨论结果:

我们组用从中间向两边猜测的方法,先从三轮车有12辆,小轿车有13辆开始尝试,计算出轮子88辆,比实际95个轮子少,那么我们就逐个增加了小轿车的数量,减少三轮车的数量,最后算出三轮车5辆,小轿车20辆,那么轮子数正好是95个。

同学们为第一小组的清晰汇报鼓起了掌。接着第二小组也展示了他们的列表法,不同的是他们采用跳跃式猜测,更加快速地得到答案。其他小组有假设法、配组法、图解法等。其中有一个组员在大家汇报后说:"老师我也有一种方法,设小轿车有 x 辆,那么三轮车有 $25-x$ 辆,列出方程 4x+（25–x）×3=95，计算得出小轿车是 20，三轮车是 5 辆。"同学们都夸他的方法真棒！

孩子们的展示，也引发了我的思考：教师要求只让学生运用列表法解，经历尝试与猜测、调整的过程，但用方程解显然更棒。解方程是个较困难的过程，课后问了几个有兴趣的孩子，他们都能接受，所以最后我还是突破了教材，尝试用方程解法。

四、反馈回顾，以学评教

"思辨课堂"模式中的反馈回顾环节，是课后让学生进行数学化的总结反思，回顾自己在学习过程中的收获和体验，是一种反思性学习。

例如学完"梯形的面积"后，我问："通过这节课的学习，你有什么收获？"一时间，大家纷纷举起小手。

生1：通过学习我知道梯形的面积是上底加下底的和乘高除以2。

生2：通过再次把梯形的面积问题转化为长方形、正方形、平行四边形的面积问题来解决，加深了对转化法的运用。

生3：在学习中，我们小组还发现一种方法对长方形、正方形、三角形和平形四边形这四种平面图形的面积计算都通用的公式，那就是（上底＋下底）×高÷2。

最后我问："谁还有话对老师说？"学困生有点胆怯地说："老师，公式多了，产生了运用上的混乱，你能出几题给我课后练一练吗？"这时便有几个"小老师"主动承担了这个任务。这样的课堂，亦是轻松、高效的。

第六节　借用数学思想推进深度思辨

学贵有法，教师要引导学生掌握数学思想，为学生展开思辨提供思考的依据。数学思想是对数学事实与理论进行抽象和概括，可指导人们更好地学习数学。具备一定的数学思想，能让学生灵活思辨，大幅度提高数学能力。在小学数学教学中，教师要根据教材内容的特点和学生的困惑，适时渗透数学思想方法，以此简化学生的探究过程，提高学生的学习效率，促进学生对数学知识的掌握。

一、图形变换，由难变易

新课标明确指出，要让学生掌握图形的运动，并能画出运动后的图形。在小学数学教学中，图形的变换是一种重要的思想方法，它以运动变化的观点来处理孤立静止的图形与空间的问题，在解决问题的过程中往往能够收到意想不到的效果。

（一）平移等量变换

根据解决问题的需要，将一个图形平移后的图形与原图形上任意一个对应的已知条件相互平行且相等。

1. 线段平移变换

例如：图2-6-1的周长是多少厘米？

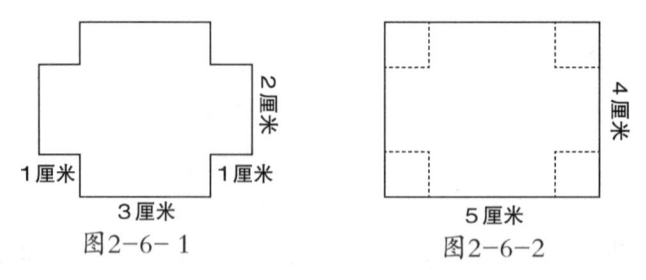

图2-6-1

图2-6-2

分析与解答：可先让学生观察从图2-6-1到图2-6-2的变换过程，向学生渗透线段平移变换的思想，把图2-6-1中有关线段平移变换成图2-6-2，学生会发现，把线段向左、上、右、下平移后，图2-6-1就变换成图2-6-2，于是求图2-6-1的周长就等于求图2-6-2的长方形周长，即：（5+4）×2 = 18（厘米）。

2. 面积平移变换

例如：图2-6-3中空白部分的面积是多少平方米？

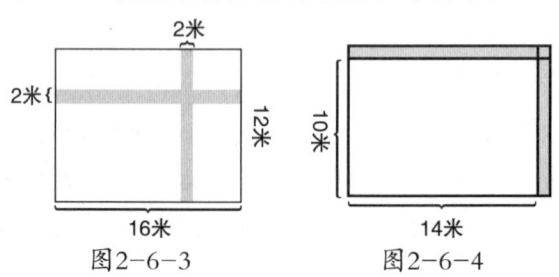

图2-6-3

图2-6-4

分析与解答：求图2-6-3空白部分面积，很多同学用长方形的面积减去阴影部分面积，那么重合部分的面积就多减了一次。如果能运用面积平移变换思想，把阴影部分面积平移到边上成为图2-6-4，就是求一个长方形的面积，即：（16-2）×（12-2）＝140（平方米）。

3. 体积平移变换

例如：图2-6-5中，瓶底的内直径为6厘米，瓶中有5厘米深的水，该瓶的容积是多少？

分析与解答：依题条件，只能求出水的体积而无法算出瓶子的容积。如果把瓶盖好倒放着，测得空瓶部分高度是12厘米（图2-6-6），那么瓶子的容积正好是图2-6-5水的体积与图2-6-6空瓶部分的容积之和，因此瓶子容积列式为：$3.14×3×3×5+3.14×3×3×12＝480.42$（立方厘米）或 $3.14×3×3×(5+12)＝480.42$（立方厘米）。

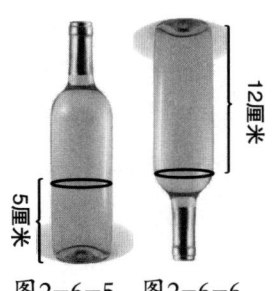

图2-6-5　图2-6-6

（二）旋转等量变换

根据解题的需要，将一个图形围绕一个支点，在不变形的情况下转动一个角度的运动，使解题变得更容易。

1. 线段旋转变换

例如：图2-6-7的三角形ABC中，$BC＝10$厘米，AB边被分成5份，过各分点引平行于BC的平行线交于AC，求：三角形内部4条线段的总长是多少厘米？

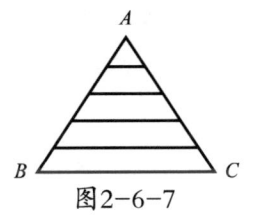

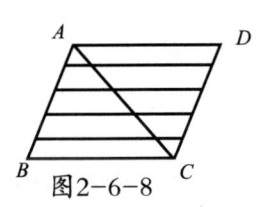

图2-6-7　　图2-6-8

分析与解答：如图2-6-7，以C点为旋转点，将ABC逆时针旋转180度得到平行四边形$ABCD$（图2-6-8），三角形内部的4条线与ACD内部四条线段对应相等，并且接成后的四条线段的长均为10厘米，所以三角形ABC内部四条线段总长为$10×4÷2＝20$（厘米）。

2. 面积旋转变换

例如：求图 2-6-9 的阴影部分面积（单位：厘米）。

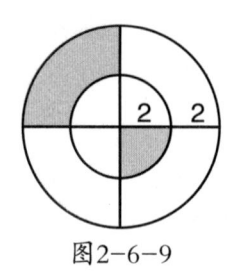

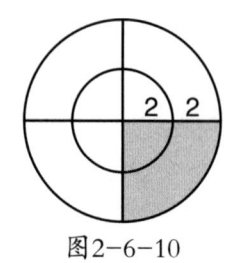

图2-6-9　　　　图2-6-10

分析与解答：以圆心为旋转支点，大圆环旋转 180 度，阴影部分连接在一起，大圆的半径为 4 厘米，所求阴影面积是：$3.14 \times 4 \times 4 \div 4 = 12.56$（平方厘米）。

3. 体积旋转变换

例如：计算图 2-6-11 中底面半径为 10 厘米的钢筋的体积。

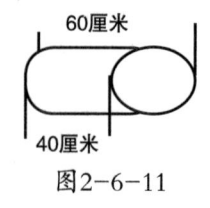

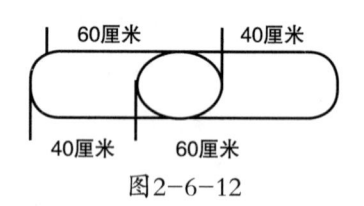

图2-6-11　　　　图2-6-12

分析与解答：以斜面中心点为旋转点，旋转 180 度，得到图 2-6-12，钢筋体积是图 2-6-12 的一半，所以这段钢筋的体积是：$3.14 \times 10 \times 10 \times (60+40) \div 2 = 15700$（立方厘米）。

数学以独特的美存在于生活中，为了让学生感受到数学的美，主动进行思辨训练，应在教学中授之以"渔"，让学生用所学的方法解决实际问题，体验解题成功的喜悦，激发学习数学的兴趣，不断提高数学思辨能力。

二、数形结合，提高素养

数形结合就是通过数（数量关系）与形（空间形式）的相互转化来解决数学问题的一种思想方法。数形结合，可将抽象的数学语言与直观的图形相结合，是抽象思维与形象思维的结合。有些数量关系，借助图形，可以使抽象的概念和关系直观化、形象化、简单化；而图形的一些性质，借助于数量的计量和分析，可以严谨化。

（一）数形结合，增添乐趣

小学数学课堂教学中设计实践活动环节，套用数形结合，可以使学生勤思辨，能够有效地提高学生对数学的学习兴趣。

1. 以形助数，变单纯的接受知识为多种感官参与的思辨活动

数学知识较为抽象，单纯的讲解、引导、练习不能持久吸引学生的注意，而且会让学生只听不说、只练不动容易疲劳，从而产生厌烦情绪。教师应结合数学知识设计相关的思辨活动。

如教学"圆柱表面积的复习"这一内容时，可一改以往先复习圆柱的侧面积公式推导等方式，而是让学生准备长16厘米、宽4厘米的长方形纸，问："能用这张纸卷成圆柱吗？"孩子们兴致高涨地说"能"，接着便开始制作。当孩子们做好后，拿起一位同学制作好的圆柱，提出思辨问题："这个圆柱的表面积是多少？你是如何计算得出的？"

生：这个圆柱的底面周长相当于长方形的长，圆柱的高相当于长方形的宽，运用公式底面周长乘高求出它的面积。

师：同学们用手摸一摸，圆柱的底面周长在哪？它的长度相当于长方形的（生：长）。再摸摸它的高，圆柱有几条高？（生：无数条）高相当于长方形的（生：宽）。这是一个无盖圆柱，如果再加两个底面就成了一个完整的圆柱，它的表面积又是多少呢？先独立算算，再与同桌议一议。

这样的安排，让学生动手操作，用手感知圆柱各部以及侧面展开的形状，帮助理解圆柱的侧面积＝底面周长 × 高。以形助教，减少空间想象的难度，手、脑、眼、口多种感官参与，学生积极主动，在掌握知识的同时心情愉快。

2. 以数辅形，变抽象乏味的数学学习为乐于参与的实践活动

认识几何图形的特征比较抽象，若赋它以数值，将易于理解。

如在教学"三角形的认识"时，对三角形赋予底与边的定义，以边的长短分类，分为等边三角形、等腰三角形、不规则三角形，可先让学生用尺子量出各边的具体长度，继而让学生对这些三角形进行分类，归纳这三类三角形的特征。这样的实践活动学生乐于参与，对知识的理解印象深刻。

（二）数形结合，活跃思维

小学数学教学的根本任务是全面提高学生数学素质，其中最重要的是思维素质。小学阶段结合学生的思维特点，设计数学味浓厚的实践活动，可让学生主动进行思维能力训练。

1. 画图，积极思考的起点

分析图是理解抽象数量关系的形象化、视觉化的工具，可让复杂的数量关系简明化，同时点燃思维的火花，让学生积极主动思考。

如四年级"小数乘法"教学中的一道练习："一个数缩小10倍，新数比原数少34.65，原数是多少？"大部分学生见到这样的练习都皱起眉头，有些则用 $34.56÷10=3.456$ 这种错误的思维方法，无法真正理清其中数量间的关系。若此时围绕这一主题开展"我会画图表示数量关系"的实践活动，借助线段图，学生学得轻松、主动。

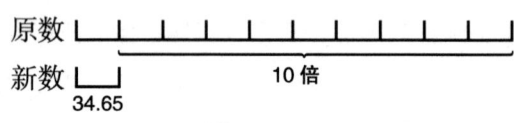

图2-6-13

师：如图2-6-13，用一条线段代表原数，缩小10倍，就相当于原数的（生：十分之一），把这条线段平均分成十份，新数相当于其中的（生：一份），请同学们在自己的本子上画出线段图。

师：新数比原数少几份？

生：9份。

师：少几呢？

生：老师，我知道了，少34.56正好是9份，就把 $34.56÷9=3.85$，其中的一份就是3.85，原数有10个3.85，就是38.5。

师：聪明的孩子！还有谁有不同的发现？

生：从线段图中我发现新数是3.85，它是原数缩小10倍得到的，那么求原数就是把它扩大十倍是38.5。

师：我们可怎样检验，说明原数是38.5为正确答案呢？

生：把38.5-3.85得出新数比原数少34.56，说明原数就是38.5。

通过这一实践活动，利用数形结合的方法，学生印象清晰、记忆深刻。抽象的数量关系简明化，让学生在思考时减少思维障碍，事实上也是形象思维与抽象思维协同应用的一种过程，其教学效果显而易见。

2. 生活原型，思维活跃的源泉

数学知识源于生活，教学中许多知识都能找到它在生活中的原型。

如教学"圆柱的实践活动"时，先从生日蛋糕作为引入，顿时吸引了大家的注意力。

师：这些精美的盒子都是什么形状？

生：圆柱形。

师：用一张完全一样的纸，包装成两个蛋糕盒（横卷与竖卷）。有这样两盒蛋糕，你会选哪一盒呢？说说你的理由。

（学生发表议论）

师：下面就让我们一起探究侧面积一样的圆柱它们的体积是否一样。

接着让同学们小组合作，把收集到的数据填入表格中，继而算出两种不同卷法的圆柱的体积。在实物原型的帮助下，学生能快速找出计算圆柱体积需要的条件，并运用公式计算出具体答案，比较得出横卷的圆柱体积大。将实物与数据结合直观生动，学生乐于其中的探索，并主动思考，思维处于活跃状态。

（三）数形结合，体验成功

数形结合让新知的学习及问题的解决更加容易，学生在这样的活动中能不断体验成功的快乐。

如教学"行程应用题"时，设计"我是小司机"的实践活动。因学生对于两车同时相向而行的数量间的关系不易理解，要求每生带一部玩具车到课堂，两人一组做物体相对运动的演示，并把运动路线用线段图画出。同时出示："两辆车从相距360千米的两地相向而行，快车每小时行70千米，慢车每小时行50千米，几小时后两车相遇？"

学生直观发现，同时相对开出的两部车，前进1小时，就缩短了两辆车速度之和的距离，要求几小时相遇，就是把总路程除以两辆车速度之和。列出算式：360÷（50+70）=3（时）。解决了这一问题，学生脸上挂着自信的微笑，对应用题消除了胆怯心理，请求老师多出示几道相关的问题，产生了对数学学习的喜爱。

（四）数形结合，不断创新

培养学生的创新能力已成为素质教育的核心问题，也是激发学生主体意识的较好体现。在全面推进素质教育的进程中，作为基础学科的数学教学，更应注重学生创新能力的培养。为此，开展一些有组织的数学实践活动，特别是渗透数形结合思想的数学实践活动，可以给学生更多的施展才华的机会。

例如在认识圆后，设计"画出美丽的图画"操作性实践活动课，让学生利用圆规、三角尺设计美丽的图案，使学生形象地看到当几个圆重叠或拼合会出现一个新的图形，培养学生的想象力和动手实践能力。同时，应鼓励学生画出不同图画，让学生在求异、求新中培养审美情趣和创新能力。

第七节　知行悟合一，促成多维思辨

学生创新思想的形成是从知到行的过程，引导学生"知行合一"不仅是教学追求的目标，也是小学数学教学的核心价值所在。陶行知的教育思想给数学教学带来了"行知"智慧，教师要借助这种智慧，用"生活问题数学化，数学问题生活化"的理念去培养学生学习数学的兴趣与热情，引导学生在行中知、知中行，以行促知，以行问道，以道悟行，因思而辨，以辨启思，促进学生自身数学素养的提升。

一、营造思辨生活化情境，以知导行

数学知识本身具有严密的逻辑性，对于具体形象思维占主导的小学生而言，数学知识的学习较单调、乏味，因此，要善于创设与数学知识相关的生活化情境，将抽象的问题形象化，结合小学生的心理与思维特点同日常生活契合，让学生感觉数学知识并不陌生，从而引起学习兴趣，进而激发学习欲望。

例如，教学"圆环的面积"时，为激起学生对探究圆环面积的兴趣，上课伊始出示光碟、圆形钟、透明胶卷等物品。

师：这些是我们生活中常见的物品，它们有什么共同的特征？

生1：这些物体的表面都是圆形的。

生2：我发现这些物体的表面上都有一个大圆和一个小圆的空洞。

生3：我发现这些物体的表面上两个圆是同心圆。

生4：我发现这些物体的表面是圆环。

师：你们能用数学的眼光去观察生活中的物体，真棒。就像刚才一位同学说的，这些物体的表面出现了一个我们以前没有接触过的图形：圆环。你们还在哪里见过圆环？

由于是生活中熟悉的物体，学生发言很踊跃，在获得老师肯定与表扬时，脸上带着被认可的微笑。正是这种积极的力量，使孩子们喜欢之后的探究活动，喜爱数学课堂，喜欢积极思考。

二、探究思辨生活化问题，以行悟道

教学是为了掌握规律和学习发现规律的方法，因此要注重探究知识发生的过程，引导学生善于捕捉、获取、积累生活中的数学知识。费赖登塔尔认为："学生学习数学是一个有指导的再创造的过程。数学学习的本质是学生的再创造。"

例如，教学"正比例"时，由于正比例对于小学六年级学生来说是一个较抽象的概念，因此要注重引导观察、对比生活中两个相关联的量的变化关系，经历概念的提炼过程，发现、总结其中的规律，从而得出正比例的概念。

首先，感知生活中的量的变化关系。汽车以每小时80千米的速度匀速前进。

路程（千米）	80	160	240	320	…
时间（时）	1	2			…

师：把表格填完整，并说说你发现了什么？

生1：我发现，从左往右看，时间随着路程的增加而增加。

生2：我发现，从右往左看，时间随着路程的减少而减少。

师：还有谁要补充？

其次，建立概念模型。表中有哪个量是始终不变的，这个不变量与两个变化的量之间有什么关系？

师：你是从哪些地方发现这一规律的？

生3：通过计算表中相对应的数量的比值，路程与时间的比值始终不变，都等于80，也就是速度是一样的。

师：像这样，路程和时间两个变量，时间变化，所选路程也随着变化，而且路程与时间的比值（也就是速度）一定，我们就说路程和时间成正比例。

再次，寻找生活中成正比例的量。

师：生活中还有哪些量成正比例？

通过以上三个环节，让学生经历正比例概念的形成与概括，对生活问题进行数学化提炼，一步步培养学生观察、分析、对比、发现等能力，从而理解正比例的含义。

三、注重思辨生活化实践，知行悟合一

小学数学教学生活化问题源于学生的生活实践，应培养孩子用数学的眼光来观察生活中的事物，捕捉想法，激活大脑。课程的活动性源于知识观的整体转型，即强调主动建构性、社会互动性和真实情境性的建构主义知识观，逐渐转变传统的"以书本、课堂、教师为中心"的课程观念。相对于小学阶段其他课程而言，数学课要引导学生知行合一，在感知体验中促进学生对知识的理解，教育和引导学生做到学思用贯通、知行统一。

如"扇形统计图"一课，是在学生已学完圆、百分数、条形统计图与折线统计图知识后，安排的具有综合运用知识能力的学习。教学时，要从学生的生活入手，注重联系已有知识，同时又关照学生的不同能力，设计分层练习，充分发挥学生学习的主动性，让不同层次的学生都能主动参与学习，得到不同程度的发展。课前，先让学生收集本月家庭总收入与各项生活支出，并运用学过的百分数知识，与家长一起算出各项支出占总收入的百分比。课中，引导学生根据圆心角度数为360度，每一个扇形的大小取决于扇形圆心角度的多少，分别求出各项支出所占的圆心角度数，最后结合所学的圆的知识画出扇形统计图，根据数据和图进行对比、分析，谈谈对家庭支出的看法。课后，巧设综合练习。可制作一张《我的一天时间安排》扇形统计图等，要求体现数据收集、计算的过程，合理设计页面，并涂上色彩，使之更加美观与清晰。这样的设计，先让学生与家长互动，在课前调查家庭生活各项支出，可

增进亲子情感，培养孩子与父母沟通交流的能力，同时还梳理了已学的百分数相关知识。

这样以发展核心素养和体现教育的人文质量为宗旨，不断优化课堂教学，从生活化体验、生本化活动、生命化课堂入手，以真实任务、真实情境的介入来促使学生形成良好的数学素养和适应社会生活的能力，引导学生学思用合一，即在传授学科知识、遵循学科发展规律的同时，引导学生通过现实行动实现内在的有机融合，实现知与行的合一，实现生活和人本身的逐步完善，从而增强学生的数学素养和综合能力，把他们培育成明理能行的合格小公民。

第八节　依托现代技术促进思辨

2021年教育部等六部门发布《关于推进教育新型基础设施建设构建高质量教育支撑体系的指导意见》，提出要利用人工智能技术普及教学应用、拓展教师研训应用、增强教育系统监测能力等。在人工智能技术的支持下，学生学习呈现出精准化、拟真化、个性化的发展趋势，可让思辨走向学习的深处。

一、拟真情境引发问题——问题驱动思辨

新课标指出："问题提出应引发学生认知冲突，激发学生学习动机，促进学生积极探究。"拟真情境体现为教学情境的强交互性和高仿真性，智能技术构建的课堂教学空间具有高传输率、低延时性等特点，增强学习积极性与投入度，学生学习将更为沉浸。当前，学生学习时间较长，单一的语言互动，在当下信息技术高速发展的时代，已不能很好地引起见识广博的学生的好奇心与求知欲。教学中，要借助信息技术，创设拟真情境，引发学生的关注，用数学的眼光观察拟真情境，进而提出有思辨性的数学问题。

如前述教学北师大版六年级上册"分数混合运算"时，利用软件把唐僧师徒四人用动漫呈现的例子，给学生的视听带来刺激，创设出一种

宽松的拟真氛围，带来积极的情绪。同时，通过软件可对学生的课堂声音、表情、视线进行识别，教师根据识别结果判断学生注意力是否集中等，适时调整教学内容，引起学生对教学内容的关注，进而引发学生的问题意识。有学者提出，实时捕获和识别学习者的课堂行为数据（动作、语言等）、心理数据（情绪、人格等）、生理数据（血压、脑电波等）等多模态数据，可以更加全面、准确地反映学生的认知提升、高阶思维发展等情况，精准预测和干预学生学习状态。

二、智能环境学会质疑——质疑促进思辨

"学贵有疑"，课堂上有的学生有疑问不敢提，或对他人的意见、老师的讲解、书本的结论本着听取、接受、记忆的态度，因此课堂平静如水，没有思辨的波澜，思维的发展受到限制。要打破这一僵局，教师可充分利用智能平台打破时间与空间的限制，在互动中尊重学生的隐私权，提供一种宽松的环境，有效进行人机互动，让学生敢于"质疑"，学会"质疑"。

如在学完"平行四边形面积"后的练习课上，很多教师会说：我们已经学过平行四边形的面积，请一位同学说一说它的计算公式是什么。这种陈述性的问题，不利于学生质疑能力的培养。我们可以这样设计——

上课伊始，在平台上出示条件混淆题与残缺题："已知底边长度5.2厘米和另一组底边上的高2厘米，请计算该平行四边形的面积？"平台上收到信息，有几位学生列式"$5.2 \times 2 = 10.4$（平方厘米）"，大部分学生质疑："这道题不能算吧？因为从图中直观看到给出的底与高不是一一对应关系。"接着，聚焦"$5.2 \times 2 = 10.4$（平方厘米）"进行辩论：

生1：底边5.2厘米相对应的高不是2厘米。

生2：高2厘米相对应的底边也不是5.2厘米。

生3：因为它们不是对应关系，所以不能用5.2×2来计算这个平行四边形的面积。

辩论后，让学生自己补充一个合理的条件，让这个平行四边形面积可以求出。学生进一步质疑："怎样的条件是合理的呢？"这时就需充分调用已有的三角形三边关系的知识。同时，在学生补充认为合理的条件后，平台会作出对与错的判断，让学生朝着合理的方向（以5.2为底，

那么它的高大于 0 而小于 2；以 2 为底，那么它的高大于 0 而小于 5.2）不断探究。

以上设计，从结构化的视角审视问题，让学生感悟知识的整体性与连续性，不仅复习了平行四边形面积计算的方法和三角形的三边关系，而且提高了学生的辨析能力、主动思考能力和综合运用所学知识解决问题的能力。

三、优化课件引导合作——合作夯实思辨

小组合作是课堂教学中一种充满生机和活力的学习方式，也是一种兼具趣味性与创新性的教学方法。人工智能的应用提供了师生、生生互动的平台与合作能力培养的平台。小组合作学习需要良好的教学情景，人工智能结合教材内容，将课程中的重难点内容以直观的课件进行趣味性呈现，以便于学生理解的方式吸引学生的注意力，让学生主动在合作中思辨，在思辨中探颐穷理，从而理解重难点内容，提高教学质量。

如前述教学北师大版三年级下册"平移和旋转"的例子，就是很好的体现。

四、精准数据分析巩固迁移思辨

人工智能技术，可以进行大数据的分析，通过智能算法，记录学生的过程性和结果性数据并汇总，生成可视化的能力图谱，并据此为学生提供个性化的学习资源。在这一过程中，学生可以发现学习过程中的问题，迁移思辨方法，进一步体验解题成功的快乐。

如前述学完"小数除法"单元后对小数除法的计算方法进行概括的案例，就是很好的体现。

第九节 借"翻转课堂"促思辨提升

如何突破以"教"为中心的课堂，让学生主动参与互动呢？"翻转

课堂"教学模式很有效。它是很好的"教与学"颠倒形式，是以信息技术为基础的，用人机中的视频学习代替书本，提高了预习成功率。我还把"先学后教"的"导学案教学"中的"导学案"创新为"在线导学卡"。导学卡类似一个"茶盘"，上面有"微视频、学习资料、学生练习"等内容，形成基于"在线导学卡"的"翻转课堂"。

"翻转课堂"通过可视化等技术采集学生学习过程数据，形成教育大数据，并及时反馈给教师和学生，可促进思辨活动开展，让互动更有效。

一、在线视频导学，做好互动准备

为了让孩子们能积极主动地参与互动学习，进行互动所需知识的储备，需录制符合学生心理特征和认知水平的微视频。

（一）图文并茂的视频，让学生更爱学

"微视频"的内容主要是文本知识点的呈现，小学生的认知特点是从形象思维向逻辑思维过渡，对表面现象和个别特征容易接受和记忆，对生动的画面感兴趣。因此，教师制作内容应图文并茂，结合知识讲解，模拟单个学生在场的方式录制，使课程生动而直观，吸引学生的注意力，让学生在愉悦的情境中有效地理解知识。

如在微课视频《圆的周长》中，首先通过画面配以语言描述引发学生学习的乐趣："一滴水珠落入平静的湖面上，荡起层层波纹，一圈圈大小不同的圆形波纹荡漾开去，让人产生无限的遐想，此时我不禁想起古希腊数学家毕达哥拉斯说过的话，他认为，圆是最美的图形。这么美的图形，你会画吗？让我们一起画一个美丽的圆吧！"接着通过动画直观演示，明确圆的周长的概念。最后，在测量中发现圆周长的计算方法。测量中提出："你还有测量圆周长的方法吗？快把你的好方法上传到思维导图中与大家分享吧！"同时提出问题："如果我在黑板上画一个圆，能用滚动法测量吗？显然，滚动法测量有它的局限性，我们知道正方形的周长是边长的4倍，那么圆的周长跟什么有关？又有怎样的关系呢？"如此一来，通过色彩丰富，主体突出的视频画面，不仅在视觉上吸引小学生，而且把抽象的圆的周长以直观的方式呈现，让学生印象深刻便于理解。

（二）简短的新知讲解，让学生更容易学

微视频的内容是重难点知识的呈现，一般录制时间为5—10分钟，学生观看无须耗时太多，以不增加学习负担为前提。学生观看微课，看一遍后对新知还不理解时，可点击重复观看，直到理解为止。不同的学生，对新知的理解能力不同，这种学习方式也正符合孔子提倡的"因材施教"，可让层次不同的学生都有所得。

如在微课视频《尝试与猜想》中，讲述了运用列表法等几种方式解决鸡兔同笼问题。在学生观看后进行调查时发现：有些学生看一遍就完全理解，而有些学生则看了两三遍。其中一位学生说："老师，你以后可以多录几节微视频，因为我平常听课，听一遍总记不住，又担心问了之后被同学嘲笑，所以不理解的知识越来越多，而看视频我可以重复看，昨天的鸡兔同笼问题我学会了。"

看到孩子品尝到学习成功的喜悦，作为一名教师，我与她一样开心。原来学习是如此容易，不需再多的言语，学生易掌握的学习方法就是好方法。

二、在线导图引航，突破互动空间

课堂上，教师面对班级四五十个孩子，若要一一提问、逐个互动，再让生生之间互动讨论，时间不允许；课后孩子们回家，又无法与教师、同学相互探讨，教师没法准确了解每位学生，因此，难免出现教师课堂授课的共性与学生个性化学习之间的矛盾。在线学习中，用思维导航图是解决该矛盾的有效办法。

（一）巧设导图，让互动更踊跃

思维导图是表达发射性思维的有效的图形思维工具，能运用图文并重的技巧，把各级主题词的关系用相互隶属与相关层级图表现出来，把主题关键词与图像、颜色等建立记忆链接。数学知识逻辑性强，教师根据知识点间的联系巧妙设计思维导图，配以图像、颜色，把知识构建成一个体系，同时在导图中加入评价环节，学生在家里学习，生生之间、师生之间进行互动评价，不受时间和空间的限制。

例如，在教学北师大版五年级上册"组合图形的面积"一课中，根据小学生的特点，让学生沿着导图（图2-9-1）的引导循序渐进学习，有利于解决组合图形的面积问题。

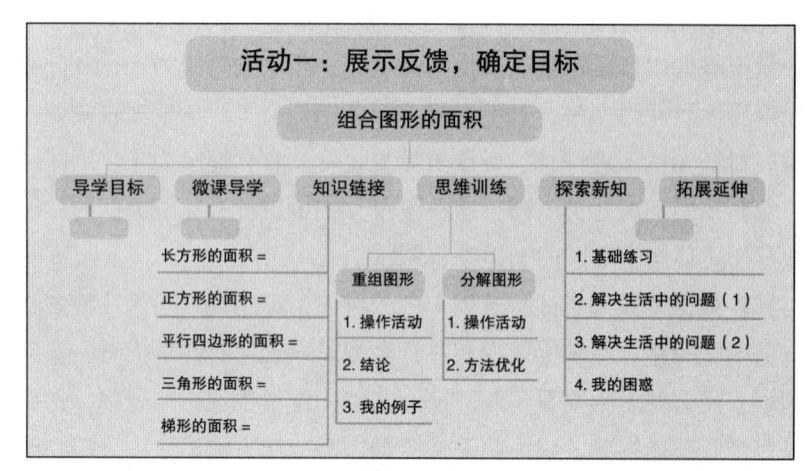

图2-9-1

这些环节中，画面直观生动，学生只要填入数据和上传图片就可。

（二）及时收集，让了解更全面

在线学习，教师可即时收集学生的学习情况，包括学习的次数、所用时间、完成作业的质量、个性化的想法等。该模式中学生的学是在人与电脑之间进行的，是由学生独立地在电脑上进行沟通，学生的想法不受他人影响，自主进行研究、操作、答题，呈现出的过程与结果均是孩子个性化的体现，教师可以在平台上了解到孩子们的个性化学习资料。

在"圆的周长"导图中，收集到孩子关于测量圆的周长之法，除了滚动法是微课程引导的，还出现了绳绕法、剪拼法、用软尺测量等方法，如学生上传的图片（图2-9-2）便很好地呈现了操作的过程。在收集学生运用知识解决相关问题的资料时，可发现学生个性化的解题思想，能及时了解学生运用知识解决相关问题的具体情况，为后面的学习做了良好的铺垫。

图2-9-2

三、在线数据分析，聚焦互动问题

基于在线技术，学习过程、教学过程都将被记录，形成教学、学习大数据，这些数据处理后形成学生学习个性、行为的模型，教师可从这些数据中发现学生的困惑，并以此为课堂教与学的突破点，组织学生共同探讨，形成有效互动，实现高效课堂。

（一）反馈数据让重难点更好解决

对于数据中发现的问题，教师有针对性地进行点拨、追问和拓展，可发挥学生主体作用，发挥学生的学习潜能、集体智慧，让学生互动交流，相互启发。这样的课堂体现了教师对教材深挖的程度和对学生疑惑巧妙点拨的水平，彰显了教师的智慧和学生的灵动。

例如，在教学北师大版三年级"小数认识"时，根据统计结果发现学生在读数环节出错，可出示相关学生的作品（图2-9-3）。学生看到自己上传的答案在屏幕上出现，异常关注，由于观察认真，自己也发现了错误，并及时修改。当事人无法正确纠错时，教师不要急于给出答案，可追问："你们同意这个同学的答案吗？""你认为他错在哪？""你会怎样修改？"

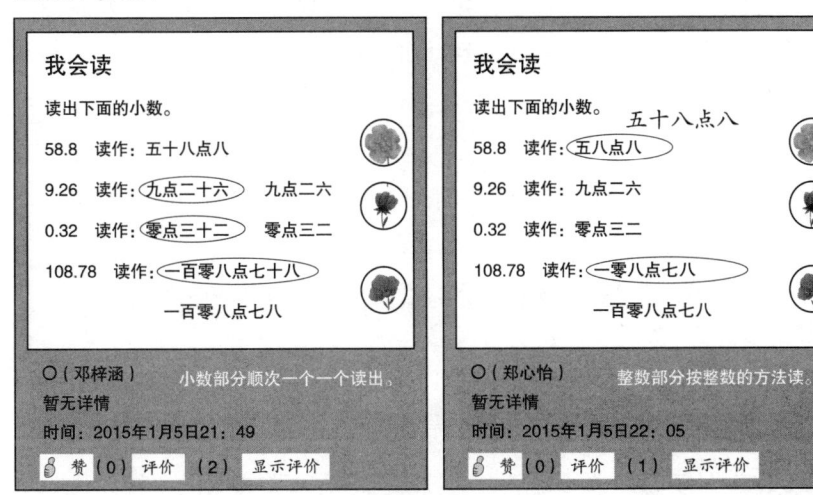

图2-9-3

同学之间互动交流，在完整的表述中进一步对所学知识进行挖掘，可更全面地了解数学知识，提高运用知识解决问题的能力。

（二）模拟考场数据让易错问题更突出

模拟考场中的试题是教师根据学科知识的特点及学生的学习情况设

计而形成的，在试题的难度、题型和分值的设置上与真题一致，是教师匠心独具的体现。电脑能对学生的判断和选择及时进行批改，有助于学生快速了解自己的错误并及时纠正。

在学完"课桌有多长"后，针对二年级学生在操作和读数上易出错，在虚拟考场中出示图2-9-4中的练习。此时，计算机成了学生的陪练，学生对易混知识进行练习和辨析，避免了问老师的害怕心理和向同学询问的尴尬。

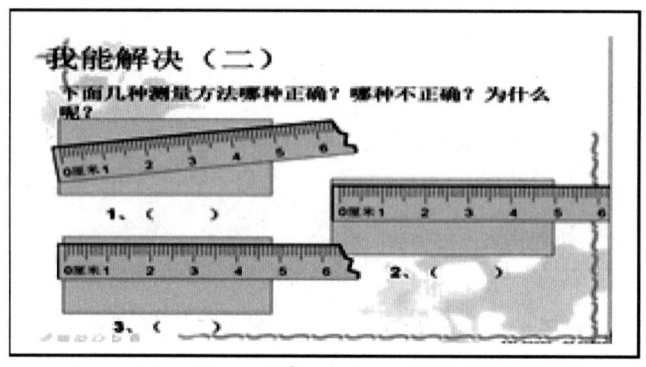

图2-9-4

网络时代学习方式更加多元化，从师生学习、人本学习，发展到人机学习、生生学习，其本质就是互动多样性。"互动"也是学生认知发展的重要动力，由互动到相互启发，推进学生认知能力的发展，让学习效率变得更高。

第十节　基于移动终端构建"精熟学习"

美国著名教育心理学家杰明·布鲁姆在多次调查后得出，95%以上的学生在学习能力、学习速率、学习动机等方面并无大的差异，只要给予学生足够的学习时间和适当的教学，那么，几乎所有的学生对所学内容都可以达到精熟的程度，即最后能完成80%—90%的评价项目。然而，课堂上学生数多且程度不同，授课时间亦有限，怎样才能做到一对一精熟学习呢？随着教育信息化的发展，基于移动终端的学习使一对一精熟学习变为现实。

一、观看微课视频，课前精熟领悟

教师通过研读教材，对重难点知识进行整理，精心制作适合学生心理特点及认知规律的5—6分钟的微课视频。学生课前运用移动设备观看微课视频，遇到不懂的问题可用网络向同学、教师请教，尊重了学生的隐私权，让学生敢问、好问，不断发现问题，取得新进步。

（一）微课导学，突破时空限制

微课在平台中随时可看，方便得很，学生根据自身需要可多次反复观看，排除了后进生听一遍不懂又不好意思问的心理。

如教学"组合图形的面积"中，发现基本图形和找到相应的已知条件及空间想象能力的培养是重难点，学生常找不准组合图形最少是由哪些基本图形组合而成的，或计算杂乱无序，此时可先录制微课《组合图形的面积》，让学生课前观看。

微课内容概述如下：

猜一猜：图2-10-1云朵遮盖下的平面图形是什么？

图2-10-1

想一想：第1幅和第3幅是单个的基本图形，你们能在第2幅和第4幅图上看到哪些基本图形的身影呢？像这样由几个基本图形组合而成的图形，叫组合图形。

找一找：（出示实验小学校园图片）你能在图中找到组合图形吗？

算一算：这个组合图形（图2-10-2）是由哪些基本图形组成的？该如何计算这个组合图形的面积呢？

```
想一想：这个组合图形是由哪些基本图形组成的？
```

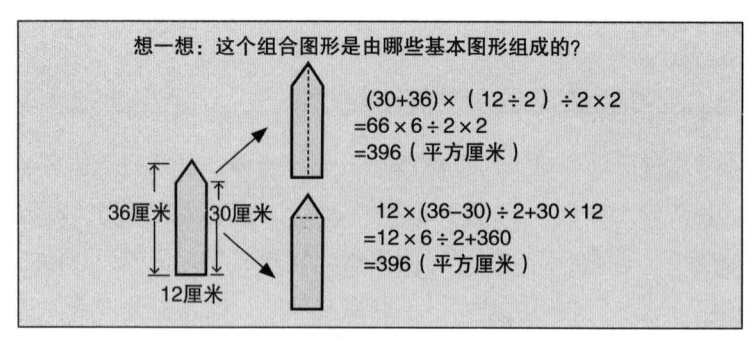

(30+36)×(12÷2)÷2×2
=66×6÷2÷2
=396（平方厘米）

12×(36−30)÷2+30×12
=12×6÷2+360
=396（平方厘米）

36厘米　30厘米
12厘米

图2-10-2

我给这个方法取个名称：分割法。你还有其他的方法吗？把你的想法通过微信传到班级群中，同时也给你的方法起个好听的名字吧！

在微课反馈表中，一位后进生这样写道："老师我看了三遍，不仅能用分割法解决组合图形的问题，同时还能用割后拼的方法计算，比视频中的方法更快。"我让他在班上讲解这一方法，虽然表达不是很顺畅，但从他响亮的声音里看出他充满自信。

（二）视听结合，图文并茂

微课呈现出图文并茂、视听结合的效果，让数学知识直观易懂，更能吸引学生的注意力，培养学生自觉学习的兴趣。

如在教学"按比例分配"时，录制微课《愉快的周末》。课程内容概述如下：

情境一：分荔枝（已知总量与比例）。妈妈拿出50个荔枝，让笑笑按3：2的比例分别装入两个盘中（图略）。

解法一：求每份数法。从图中可以看出50÷（3+2）=10（个），每份有10个，那么第一盘10×3=30（个），第二盘10×2=20（个）。

解法二：分数法。第一盘个数占总数的五分之三，第二盘个数占总数的五分之二，列式为 $50\times\frac{3}{5}=30$（个），$50\times\frac{2}{5}=20$（个）。

情境二：泡奶茶（已知部分量与比例）。现有牛奶200毫升，按2：7的比例配制奶茶，需要加入多少茶水呢？

小丽用画图法得出200毫升对应的是2份，那么茶水应是200÷2×7=100（毫升）。

也可用分数法 $200\times\frac{7}{2}=700$（毫升）。

问：你还有其他的方法吗？

最后设置连线题（除以上两种题型外，多设计已知两量差与比的练习）。

通过色彩丰富、主体突出的画面，微课不仅在视觉上吸引小学生，还把抽象的按比例分配知识以直观的方式呈现，把枯燥的数学知识融入数学故事中，让学生印象深刻、便于理解，培养学生学习数学的兴趣。

二、开展互动反馈，课中精熟指导

学生借助网络生动反馈所学知识，教师利用移动终端收集的数据进行分析，围绕知识点与存在问题进行互动，师生、生生间一对一指导，不仅能很好地复习旧识、巩固新知，而且能有所创新。

（一）组内互动，生生相互指导

学生在小组内利用移动终端展示新知推导过程，并独立讲解所学新知，教师参与小组学习，改变教师一言堂的方式。学生在反馈中梳理已学知识，有条理地呈现知识，更好地培养了分析、概括、表达等核心素养，听的学生再次复习，强化识记，对知识理解更加透彻。

如教学"圆的面积"，先让学生在小组内介绍圆面积公式的推导过程。

生1：可用剪拼法，把圆沿半径剪开拉直拼成一个面积相等的近似长方形，长相当于圆周长的一半，宽相当于圆的半径，因为长方形的面积是长（周长的一半）乘宽（半径），得出圆的面积是周长的一半乘半径，即s。

生2：应先画好等分线（直径），再沿半径剪开，最后有一份扇形需对半剪，上下两半拉开后才能对接拼成近似长方形。

师：有道理，说到了细微处。

生3：也可拼成近似平行四边形，平行四边形的底相当于圆周长的一半，高相当于圆的半径，此时也能推导出圆的面积公式。

师：有新思路，方法很好。

生4：我把圆形茶垫沿一条半径剪开拉成三角形，底相当于圆的周长，s高相当于圆的半径，推导出圆的面积公式。

师：真是生活的有心人，能勤于动手发现新方式，有创意。

如此一来，方法多样，表述清晰，言者有所获，听者听得入味，师生、生生间或是鼓励，或是纠正，一起朝前行。

（二）全体反馈，教师适时点拨

教师根据移动终端收集学生学习情况数据，针对问题进行点拨，引领学生思维纵深发展。学生从课本、视频中看到的知识未必能理解深刻和熟练运用，教师在课中应创设有效问题情境，适时点拨，提高学生解决问题的能力。

如"圆的周长"一课，从移动终端的数据收集情况反映出圆周长的计算是个易错点，灵活运用是难点。针对这两个问题，可创设自行车之旅（环游家乡建瓯）教学情境。

情境一：求周长

同学们看这是什么图形？（生：圆）圆以它独特的美被人们广泛运用于生活中，你知道生活中哪些物体上有圆吗？（生：圆形车轮的自行车，让人觉得平稳舒适）你们骑过自行车吗？让我们带着这熟悉的感觉开始愉快的自行车之旅吧！出发前我要考考你们：怎样才能知道自行车的车轮向前滚动一圈前进多少米？

问题：一部自行车，车轮半径为0.3米，向前滚动一周前进多少米？

情境二：过桥与跑步

全长238.83米的水西桥，如一条长龙横跨在建溪河上。水西桥始建于宋代，于2013年改造后有了如今的规模，是连接老城区与新城区的纽带。穿过水西桥，来到新区体育场，有许多市民在进行跑步锻炼。孩子们，让我们停好车，一起绕跑道跑一圈吧。

问题1：水西桥全长238.83米，车轮半径为0.3米的自行车经过这座桥，车轮大约滚几圈（得数保留整数）？

问题2：绕跑道跑一圈有多长？

情境三：计算问号的周长（略）

三个情境由易到难，情境一较简单由学生独立计算，老师对计算出现的位置不对齐、小数点点错、漏乘、书写不规范等现象一一进行指导。情境二较复杂，由学生分小组合作，教师参与指导。情境三考验学生的观察力与空间思维灵活度。这三个情境运用数学知识解决生活中的问题，体现数学的实用价值，有一定的挑战性，同时因接近学生的生活，能激起学生思考的兴趣。

三、提供展示平台，课后精熟评价

课堂时间有限，不能让学生一一对他人的想法进行分析综合后作出合理评价，此时借助移动终端展示学习成果，可让每位学生都有展示的机会。

（一）美篇展示，生生互评

作业是学生学习成果的体现，把学生的作业拍成图片做成美篇，不仅能培养学生认真书写的好习惯，还能提高学生审美情趣，享受完成作业的过程，激发学习的热情。

如在教学"分数问题复习"前，我让学生制作分数问题思维导图："根据分数问题的三种类型——求分率、求对应量、求标准量，把与之相关知识在导图中体现出来，也可在导图中提出自己现有的困惑。"以下是两幅学生作业：

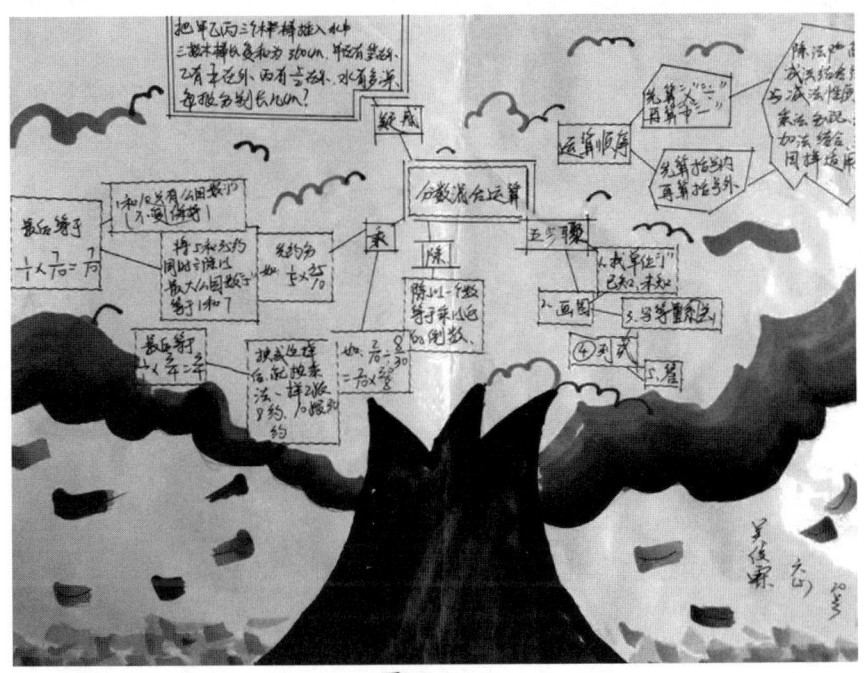

图2-10-3

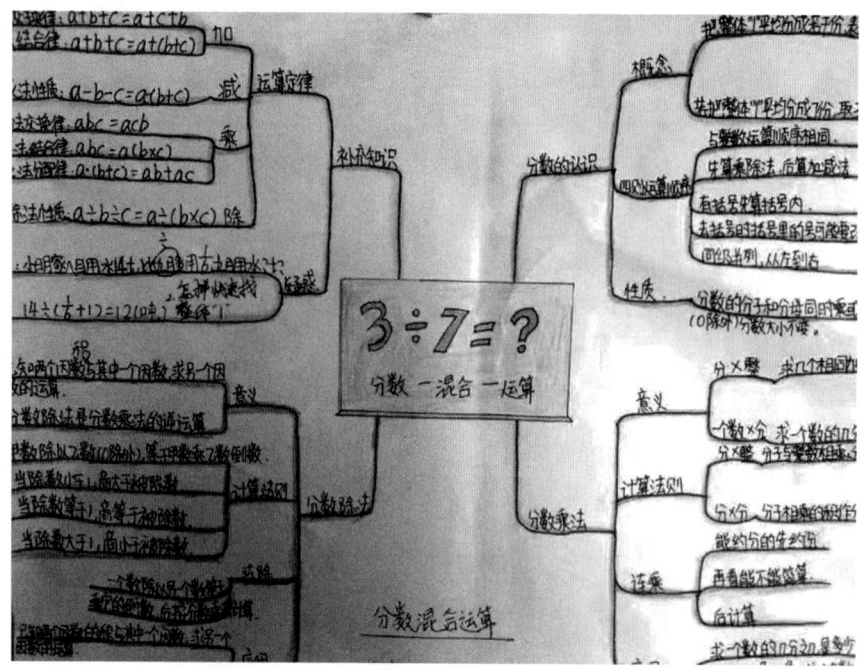

图2-10-4

欣赏作业后，学生作出肯定评价：构图美观、布局合理、分类明晰、例题典型……也有指出不足的：例题表述不明确，书写再工整些就更好了，若配上彩色图将更美观……

就作业者而言，收到同学的肯定、赞美，孩子心里乐开了花；而点评者，在评点他人时勤思考，希望能作出准确评价，积极性也被调动起来了。

（二）微信抽查，点评互动

每天随机指名几位学生把作业拍成图片发到教师微信，教师针对作业情况一对一点评，也能解决课堂上时间少、学生较多无法一一指导的局限。

经过多次抽查，学生会养成认真书写、细心思考的良好学习习惯，答题准确率明显提高。在测试中，95%的学生对所学内容达到精熟程度。

基于移动终端的学习，尊重个体差异，给学生提供了宽松的求知环境，让学生对所学知识达到精熟的程度，亦可助力实现高效课堂。

第十一节　基于思辨理念构建智能课堂

人工智能与教育的融合已经逐步上升为国家行为，得到了大力扶持和发展。目前，人工智能正引领着教育教学的创新，成为教育信息化发展的重要因素。"人工智能＋教育"（AIED）在学习辅导、教学测评和教学空间优化等各个方面全方位地提升教学效率，增强学习体验，使个性化学习成为现实。运用"人工智能＋教育"之法，在深度融合中能有效助推学生学习力的提升，使学生个性化学习得以成为实现，学生的思辨力得以提升。

一、为学生学习力的培养搭建平台

以"人工智能＋教育"为背景，将传统教育和现代技术相结合，是加快教育现代化的有力引擎，能有效地为学生学习力的培养搭建崭新平台。

（一）知识总量：从封闭到开放的教育资源

传统教育模式下资源固定、人群固定，教师面对面传授知识，教育资源相对封闭。而以"人工智能＋教育"作为依托的现代手段，可以吸纳、传播海量的信息，以其强大的存储性和资源交互性满足学生的多种需求，学生不再局限于封闭的教育资源，只要想学就有优秀的教师伴随式指导。

（二）学习质量：从被动到主动的个性化学习

学习质量，是学习者的学习动力、学习毅力、学习能力和学习创造力的综合表现。在"人工智能＋教育"的背景下，丰富的资源打破了学习的局限，学生不必完全依赖课本和教师，满足了个性化学习需求；同时，依托"人工智能＋教育"下即时诊断、数据挖掘、学习分析等功能，学生可以根据自己的学习风格、学习层级开展个性化学习，为学习力的提升添砖加瓦。

（三）学习流量：从固定到灵活的学习方式

学习流量，即学习的速度及吸纳、扩充知识的能力。"人工智能＋

教育"推倒了传统意义上"班级授课制"的"围墙",将已有的教育内容、方法等进行重新设计与组合,使教育资源充分流动,学习方式灵活多变。任何人在任何时间、任何地点都可以进入"课堂"学习,让学生可高效利用碎片时间"随心所欲"地学习。

二、学生学习力的培养策略

(一)激发学习兴趣,增强学习动力

充足的学习动力是培养学生学习力的基础。在"人工智能+教育"背景下,大数据等方式让学生对自己所学知识在将来的生活中所能扮演的角色有更多的了解,产生了强烈的学习需要,从而激发学习动机。互动数字化技术兼具趣味性和实用性,为学生的学习带来变革,可激发学生的学习兴趣,使学生变"要我学习"为"我要学习"。

(二)培养良好习惯,锻炼学习毅力

学习毅力的锻炼离不开良好习惯的培养,以"人工智能+教育"为平台,调查学生学习资源的使用、学习时间的把控等可测性的学习行为,可帮助学生选择合适的学习资源,利用学习习惯的惯性,促使学生学习力的形成。同时,可以通过奖励机制来激励学生达成学习目标,督促学生坚持学习,并按照坚持的时间长短给予不同层次的奖励,以达到培养良好学习习惯的目的。还可以利用"人工智能+教育"中正能量信息,发挥榜样的作用,帮助学生树立不断战胜困难的勇气,磨炼学生的学习毅力。

(三)灵活学习方式,培养学习能力

学习能力是学习力的核心要素,"授人以鱼,不如授人以渔"。灵活的学习方式是培养学生强大学习能力的必然选择。过去学生是在固定的教室里听老师讲课,通过书本、纸和笔做直观的记录,是静态而单一的。而"人工智能+教育"动态的多元学习方式,将在线学习和学校课堂学习相结合,利用移动图书馆、网络公开课等资源优化教学情境,激发学生的洞察力、想象力、描绘力等学习能力。

(四)改进评价体系,提高学习创造力

学习创造力的提高,离不开评价体系的改变。"人工智能+教育"背景下,可依照多元的评价方式和丰富的评价内容来改进评价体系。一方面,不仅要分析学生的静态信息,还可以利用在线教育记录日常行为

等动态轨迹，收集大数据，从学生的实践、创新、协作等方面整体评价。另一方面，除了有计划、有目的地规范性评价，还注重非规范性评价，如教师可以通过电子贺卡的发送对学生给予肯定。在评价体系的不断完善下，学生增强自信心，对所学知识能大胆运用，逐渐提高学习创造力，使学习力不断提升。

三、教学模式的构建

"动态的发展、全体的发展、个性的发展、协调的发展、可持续的发展"，凝练了"人工智能+教育"环境下的一般教学模式（图2-11-1）。

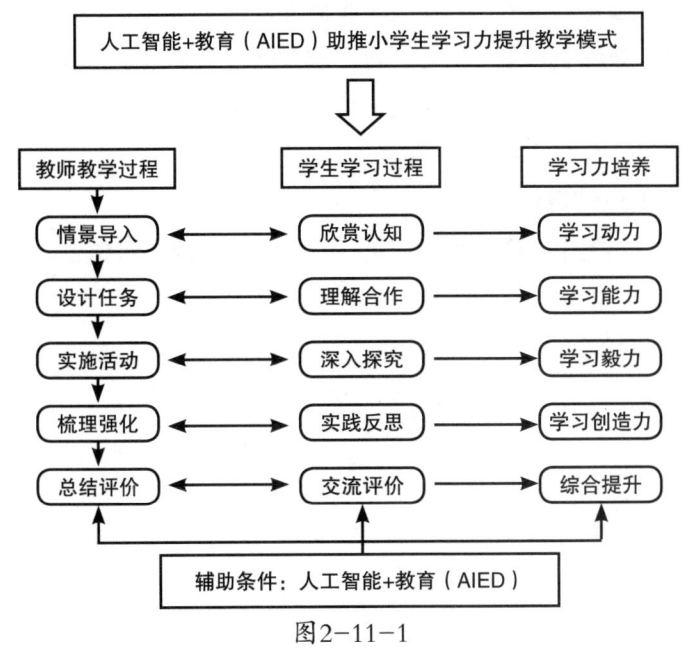

```
        人工智能+教育（AIED）助推小学生学习力提升教学模式
                              ↓
    教师教学过程        学生学习过程        学习力培养
      情景导入     ↔      欣赏认知     →     学习动力
      设计任务     ↔      理解合作     →     学习能力
      实施活动     ↔      深入探究     →     学习毅力
      梳理强化     ↔      实践反思     →     学习创造力
      总结评价     ↔      交流评价     →     综合提升
                              ↓
                  辅助条件：人工智能+教育（AIED）
```

图2-11-1

（一）情境导入

人工智能真实的情境任务，能激发学生强大的学习动力。教学中运用"人工智能+教育"带来富有趣味性、挑战性、体验性和交互性这些特点，激发学生的学习动机，促进学生对知识的学习，培养学生手眼互动的能力和解决问题的能力，促进学生情感态度价值观的形成。创设探究式学习环境，提供体验学习的机会，还可提高学生的媒体素养。

（二）设计任务

教师在教学中将大的目标分解成一个个小的子目标，即学习任务。

通过相应的程序，学生可以自主选择任务，在自己合适等能力范围完成相应的学习任务，逐步培养学习能力。

（三）实施活动

运用"人工智能＋教育"交互式学习，以学生为核心，满足学生的学习需求和意愿，能针对学生的学习内容和目标及时做出调整，为学生提供有效的学习资源和平台的搭建。在学习活动中，学生利用现有的学习基础来促进知识重构和内化，变被动为主动进行共同协作学习，参与和进行反思，激励自己主动地解决问题。

（四）梳理强化

在梳理强化环节上，利用人工智能交互性，对开展实践、探索进行梳理反思，教师全程参与引导，对出现的问题给予指导和帮助，实时调控学习进度，保证大多数学生完成任务。本阶段学生在梳理的过程中学习融会贯通，有利于培养学生的学习创造力。

（五）总结评价

对学习任务中的学习重点应进行总结提炼，开展对学生作品的交流评价。

第三章

小学数学"思辨课堂"的教学实践

第一节 情理育人撬动"思辨课堂"

伴随着社会的发展，人的协作能力、耐挫力、持之以恒的态度、乐观向上的性格等也变得很重要，影响着学生思辨力的形成。如何培养健康的心理？如何根据小学数学学科特点渗透心理健康教育呢？学科教学渗透心理健康教育是指教师在进行常规的学科教学时，自觉地、有意识地运用心理学理论和方法，让学生在掌握知识形成思辨能力的同时完善各种心理品质，帮助学生提高学习活动中的认知、情感和行为水平，促进学生态度及情感的和谐发展。小学数学学科渗透心理健康教育的内容非常广泛，涉及课堂教学的各个方面，包括课堂气氛的营造、学习动机的激发、学习习惯的培养、交流合作的和谐等。

2015—2017 年，我主持并带领团队完成了课题《小学中高年级数学教学渗透心理健康教育的探索》（福建省建瓯市实验小学教育科学规划 2015 年专项课题，编号 FJJG15-14）的研究。

以下，介绍几个典型课例。

课例一：组合图形的面积

教学内容

北师大版五年级上册"组合图形的面积"。

教学思考

学生已经经历了平行四边形、三角形、梯形等平面图形的面积的探索过程，但部分学生不会将已有的活动经验和数学思想方法运用到组合图形面积的计算中，如何让学生运用"转化"的数学思想解决组合图形面积的计算，并且激发部分已经会解决组合图形面积学生学习的积极性，成为本课的两个重点问题。从思辨的角度出发，本节课围绕核心问题引领思考，在思考过程中渗透心理健康教育。

教学目标

主目标：

1.在观察比较活动中，多角度思考计算组合图形面积的方法，选择最优方法，培养几何直观和推理意识。

2.能根据各种组合图形的条件，有效地选择计算方法并进行正确的解答。

3.能运用所学的知识，解决生活中组合图形的实际问题，培养应用意识。

副目标：

1.联系生活实际，使学生感受到计算组合图形面积的必要性。

2.学生在问题探索活动中，优化策略，拓展思维，提升素养。

3.通过小组探究活动，学生认识到与人合作的重要性，从而加强合作意识。

4.找准心理健康渗透点，进行情感教育、思维训练。

教学重难点

重点：能正确计算组合图形的面积。

难点：能根据各种组合图形的条件，正确选择计算方法并解答。

教学过程

一、猜图导入，激发兴趣

师：同学们，能告诉我哪些平面图形是你们熟悉的？

生1：长方形、正方形。

生2：平行四边形、梯形。

生3：三角形。

师：下面这些平面图形你认识吗？请看大屏幕（图3-1-1）。

图3-1-1

师：在这些图形（图3-1-2）身上，能看到你们熟悉的平面图形的身影吗？

基本图形　　组合图形

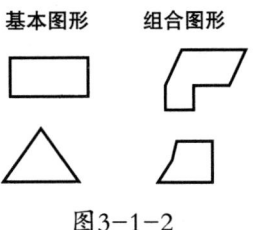

图3-1-2

生4：第二幅是由平行四边形和长方形合在一起的。

师：请你上来画一画。

师：你观察得很仔细，而且说得很形象，说它们是合在一起的。

师：你们看到的图形都与他一样吗？

生5：我看到的是三角形、梯形和长方形合在一起。

师：也请你上来画一画。

师：是的，这个图形还可以由三角形、梯形和长方形组合在一起。

师：像这样由几个基本图形组合而成的图形，叫组合图形。（板书课题）

师：组合图形在我的校园里随处可见（图片略）。你能在图中找到组合图形吗？请一位同学到讲台前找一找、说一说。

生6：我在学校的指示牌中找到组合图形，它是由三角形和长方形组合而成的。

生7：我在学校的花圃中找到组合图形，它是由梯形和长方形组合而成的。

二、自主探究，合作交流

师：这个组合图形（图3-1-3）是由哪些基本图形组成的？

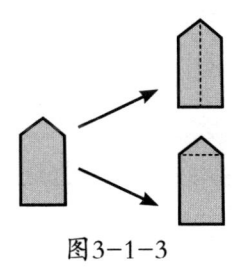

图3-1-3

生1：它可以由三角形和长方形组合而成。

生2：我认为，它也可以是两个梯形组合而成的。

师：该如何计算组合图形的面积呢？

生3：应该先把组合图形分成几个基本图形，再把基本图形的面积加起来。

师：要算出这个组合图形的面积，还要什么已知条件呢？

生3：要知道相关数据。

师：经过测量，栅栏的相关数据如图（图3-1-4），现在你们能算出这个组合图形的面积吗？

师：同学们先独立思考，再把思考过程记录在学习单中，写好后与同桌互相交流想法。

生4：我把这个组合图形分成三角形和长方形（出示图略），其中，长方形的长是30厘米，宽是12厘米，那么长方形的面积是30×12=360（平方厘米）；三角形的底是12厘米，高是36-30=6（厘米），那么三角形的面积是12×6÷2=36（平方厘米），所以这个组合图形的面积是360+36=396（平方厘米）。

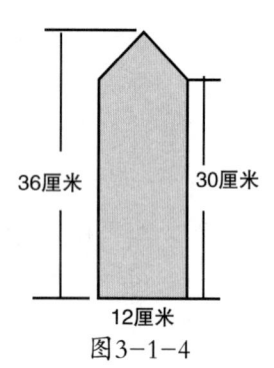

师：还有不同的方法吗？

生4：我把这个组合图形分成两个一样的梯形（出示图略），其中梯形的上底是30厘米，下底是36厘米，高是12÷2=6（厘米），那么其中一个梯形的面积是（30+36）×6÷2=198（平方厘米），所以这个组合图形的面积是198×2=396（平方厘米）。

师：这两个同学分出的图形不同，但答案都是396平方厘米，还有哪位同学也是这个答案但方法不同呢？

生5：我把这个组合图像这样补成一个大长方形（出示图略），先算出长方形的面积36×12=432（平方厘米），再算出三角形的面积12×6÷2=36（平方厘米），最后把长方形面积减去三角形面积432-36=396（平方厘米）

师：你的想法与前两位同学有不同之处，有创意，掌声送给你。

生6：老师，我也有不同想法。把这个组合图形沿中线分成两个面积相等的梯形，再把它们头尾相接，得到一个长方形，长是36+30=66(厘米)，宽是12÷2=6（厘米），用公式计算66×6=396（平方厘米）。

师：真棒，同样把掌声送给你，同学们的想法越发巧妙了。还有吗？

生7：我把这个组合图形也沿中线剪开，然后拼成一个平行四边形，它的底是36+30=66（厘米），高是12÷2=6（厘米），用公式66×6=396（平方厘米）。

师：此处应该有……（掌声响起）

师：同学们都能充分思考，并且运用已学过的知识，对不同的想法进行辨析，想出了这么多种解决组合图形面积问题的方法，下面请聪明的同学给每个方法取个名称吧！

生8：第一、二种方法可以叫分开法，因为它是把组合图形分开。

师：很形象，是分开，我们取他说的第一个字——分，是把它们分割开，称它为分割法吧。这几种又怎么命名呢？

生9：我认为第三种是添了两个三角形，叫添补法。

师：也很形象，就叫添补法。最后两种呢？

生10：这两种都是先割开，再拼在一起，叫割补法。

师：很好，就用这个名称。运用分割法、添补法、割补法，巧妙地把组合图形与我们学过的基本图形勾连在一起，运用学过的旧知解决了新问题。

师：同学们想一想，计算组合图形面积时要注意什么？

生11：分出的图形越少，解法越简单。

生12：要考虑分割的图形与所给的条件，找不到条件即为失败。

师：用添补法时，为什么要补一块？

生13：这样能补成我们学过的基本图形。

师：是的，那么，补上后要注意什么呢？

生14：及时减去补上的图形面积。

师：同学们的思路很清晰，你们能运用我们学过的知识解决生活中相关的问题吗？

三、情境练习，巩固拓展

师：我班的中队旗旧了，我想做一面崭新的中队旗，需要多少平方厘米的布呢？请把思考过程记录在本子上。

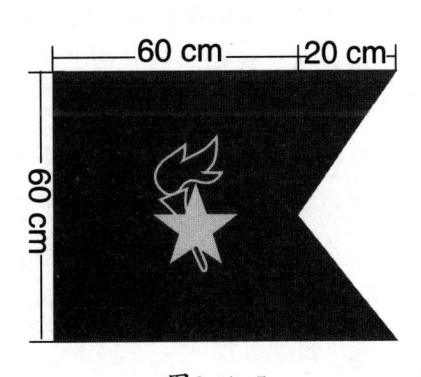

图3-1-5

师：谁愿意把自己的想法展示出来，与大家分享。

生1：我来，这个图形（图3-1-5）由正方形和两个相等的三角形组合而成，所以用60×60+60÷2×20÷2×2=4200（平方厘米）。

师：噢，你是把这个队旗看成一个组合图形。同学们，这是用（指着板书）哪一种方法解决了组合图形的面积问题呢？

生1：分割法。

师：你们用的是什么方法？怎么计算？

生2：我用的是割补法。把这个组合图形分割成正方形和两个三角形后，再把两个三角形拼成一个大三角形，它的底是60厘米，高是20厘米，所以这个组合图形的面积是60×60+60×20÷2=4200（平方厘米）。

师：用割补法只要计算两个基本图形的面积，显然式子更简洁了。

师：还有不同想法吗？

生3：我也用割补法。把这个图形沿横中线分开，拼成一个长方形，长是60+20+60=140（厘米），宽是60÷2=30（厘米），所以面积是140×30=4200（平方厘米）。

师：这种想法只要求一个基本图形的面积，真是太方便了。还有吗？

生4：我也用割补法。把这个图形沿横中线分开，拼成一个平行四边形，底是60+20+60=140（厘米），高是60÷2=30（厘米），所以面积是140×30=4200（平方厘米）。

师：你的思考也很独特，这样也只要计算一个基本图形的面积。孩子们，若你们开动脑筋思考，解决问题的方法会有很多种，越简洁的方法，越能又快又好地解决问题。

师：谢谢同学们，现在我知道用多少平方米布可以做一面中队旗了，今年可以在大操场上展示中队的新风貌。此外，我们学校还有一个小操场是低年级同学的乐园。看（图3-1-6），草坪已有些破损，学校决定更新这块草坪，每平方米草坪需100元，你能算出更换这块草坪需多少元吗？

师：想知道草坪的价钱，要先求出什么？

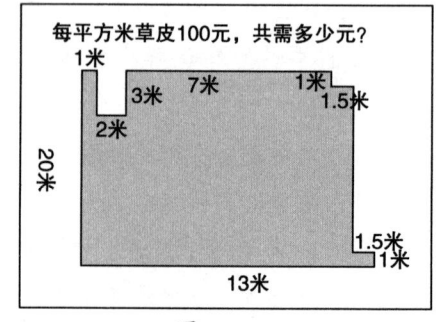

图3-1-6

生5：先求草坪面积。

师：估一估这块草坪大约有多少平方米？

生5：260平方米。

师：说说你的想法。

生5：我把草坪看成一个近似的长方形，用20×13=260（平方米）。

师：是的，你的想法真好。下面就请同学们算一算这个草坪的实际面积，再算出它的造价。

师：组合图形不仅在生活中随处可见，而且还有益于智力的开发。看这是（生：七巧板）。它源自我国，在唐朝最为盛行，因此也叫唐图。七巧板拼成的正方形面积为64平方厘米（图3-1-7），你们知道每块板的面积是多少吗？同桌合作，一起讨论，开始。

师：请一位同学来说说能算出哪块板的面积。

生6：我知道红色三角形面积是64÷4=16（平方厘米），黄色与它一样大，也是16平方厘米。

师：聪明，一下就看出它是正方形面积四份中的一份。

图3-1-7

生7：我知道橙色三角形的面积是16÷2=8（平方厘米）。

师：说说你的理由。

生7：橙色三角形的斜边与红三角形的直角边相等，移过来，正好是它的一半。

师：空间感很好，找到相同点，同时用移动的方式进行验证，真是个好方法。

生8：我知道两个绿色三角形面积都是8÷2=4（平方厘米）。

师：你是怎么发现的？

生8：我用刚才那位同学的方法，它的直角边是橙色三角形斜边的一半，通过移动得到。

师：活学活用，说明你刚才不仅认真倾听，还进行了思考。还有两块板的面积谁知道呢？

生9：我发现了，正方形面积是绿三角形面积的两倍，所以是8平方厘米。

师：嗯，有理有据，说得真好。

生10：我发现了平行四边形面积与正方形面积相等，只要把平行四边形沿高割开，就能拼成正方形。

师：请你上来画一画。

（画图略）

师：真不错，同学们都能积极思考，发现了七巧板中每个图形面积之间的关系。

四、总结收获，梳理知识

师：这节课你有什么收获？

板书设计

<pre>
               组合图形的面积
                    转化
    新知 ——————————————————— 旧知
  （组合图形）   分割法   （基本图形）
                 添补法
                 割补法
</pre>

教学评析

组合图形的面积是小学高年级学生学习面积的一块重要内容。本节课基于学生已熟练掌握了长方形、正方形、平行四边形、三角形、梯形面积公式的基础，进一步学习解决复杂图形的面积，属于平面图形面积的延伸。课堂上，教师巧妙地引导学生灵活选择合适的方法，让学生学得有趣，充分思考。

第一个环节，通过谈话了解彼此，拉近与学生的距离，自然引出新知，让学生"亲师"的同时"信其道"。同时，学生通过观察感知图形的基本组成，为下一步学习组合图形的面积做了铺垫。

第二个环节，提供独立思考的时间，进行个性化思辨过程，再组织小组、同桌合作，引发思辨碰撞，在探究的过程中感悟问题解决方法的多样性，感受数学转化思想之妙。这契合了教育心理学家皮亚杰所提倡的"相互启发"原理，生生之间对话交流、思想碰撞，学生在梳理、表达自己的理解过程中提高自身的思辨能力。

第三个环节，用三个生活中的情境（制作中队旗、更换草坪、七巧板），设置三个练习，层次递进，让学生主动解决生活中的组合图形的实际问题，在玩中学、学中做，积累经验，体会数学在生活中的实用价值。此外，结合心理健康渗透点，培养学生良好的数学学习习惯与助人为乐的好品质；关注数学文化，增强学生民族自豪感与学习兴趣。

课例二：看日历

教材内容

北师大版三年级上册"年、月、日"。

教学思考

"年、月、日"是北师大版教材三年级上册第七单元的内容。时间单位是较为抽象的计量单位，学生在二年级已经学过与他们生活比较接近的时间单位时、分、秒。随着年龄增长，生活经验的增多，年、月、日的知识也越来越多地出现在他们的生活和学习中，学生虽有了对较长的时间感悟的基础，但理解一年或者一个月的时间有多长，还需借助一定的想象力。因而教学中应注意联系实际，让学生借助身边的日历，进行观察、比较，并发现一年中的大月和小月以及二月的不同。同时借助视频让学生了解闰年、平年产生的原因，从而掌握判断闰年平年的方法。年、月、日的知识，虽然与学生生活有着密切的联系，但是识记大小月和辨别平闰年是本课的重难点，基于此，在本课教学中，我注意引导学生结合生活经验，借助日历实现突破。

教学目标

主目标：

1.知道一年中各月的天数，掌握平年、闰年的判断方法，了解平年、闰年的基本含义以及相互关系。

2.能与生活联系起来，熟练地运用年、月、日的知识解决简单的实际问题，增强应用意识。

副目标：

1. 激发学生发现问题、探索问题的情趣，培养学生良好的探索意识、创新意识和实践能力。

2. 培养学生合作精神，感悟数学与现实生活的密切联系。

教学重难点

重点：认识年、月、日及其相互关系，建立年、月、日的时间概念。

难点：能识记大、小月，并能灵活地判断平年、闰年。

教学过程

课前预习卡

说一说：关于年、月、日的知识，你知道些什么？

查一查：查看不同年份年历，看一看每月的天数，你发现了什么？

理一理：关于年、月、日哪些知识需要我们去记呢？把这些知识进行简单的整理，并记录下来。

一、创设情境，引出课题

师：今天真是个好日子，我们学校来了这么多的客人，这些客人都知道我们班的孩子特别棒，所以今天都来听大家上课。此时你们的心情怎样呀？那就让我们一起记住今天这个特殊的日子（板书"×年×月×日"）。孩子们，生活中你们还在哪儿见过像这样表示年、月、日时间的词。（生回答）看来年、月、日和我们的生活紧密联系着。这节课我们就一起来学习年、月、日的有关知识。

（设计意图：激情谈话，让学生充分感受到年、月、日与生活的密切联系）

二、小组合作，解决问题

（一）认识年、月、日

师：课前同学们已经根据老师给你们的预习卡进行自学，老师相信通过自学你们对年、月、日的知识一定了解了不少，下面就把你的收获和你的组员分享。在小组交流之前老师给你们一些小提示，大家按提示去合作。

> 小组合作提示卡
> （1）我同意你的看法，我还想补充一下。
> （2）我向你提个问题，你能帮我解答吗？
> （3）我不同意你的看法，我是这样想的。
> （4）分享了这么多知识，我们来做个总结吧。

师：哪一小组的同学先上台来给大家分享一下你们的发现呢？

生1：我们小组发现了每个月的天数不同，有的月份是31天，它们是大月。有的是30天，它们是小月。

师：30天的分别是哪几个月呢？31天的又是哪几个月？

生2：1月、3月、5月、7月、8月、10月、12月这7个月是31天，4月、6月、9月、11月，这4个月每月30天，还有2月是28天。

师：每一年的2月都是28天吗？其他小组有不同的发现吗？

生3：我们的日历是2008年的，我们的2月是29天。

师：也就是说2月有可能是28天，也可能是29天。

（设计意图：让学生合作交流，展示各小组学习成果，充分体现了学生的主体性）

师：有的月份是31天，有的是30天，还有29或28天的，看来要记住每个月的天数可真不是件容易的事，你有什么好办法吗？赶快把你的好办法跟大家说说。

生4：我们可以用拳头来记每个月的天数。拳头突出的部分记作大月，凹进去的部分记作小月。

生5：我们还可以用儿歌来帮忙记天数。一三五七八十腊，三十一天永不差。四六九冬三十整，只有二月有变化。

师：总结得很好。下面我们来做一个游戏，老师报一个月份，是大月男生站起来，是小月则女生站起来。

（设计意图：通过读儿歌、做游戏等有趣的活动激发学生的学习兴趣，同时进一步帮助学生记住大小月）

（二）认识平年和闰年

师：刚才老师在你们整理的资料中还有个重大的发现，有小组的同学发现了4年里有一个闰年，还知道2008年是闰年。按照这个规律，下一个闰年应该是哪一年？往上推呢？

生1：2012年是闰年，2004年也是闰年。

师：老师出生在1975年，我很想知道我出生的那一年是不是闰年，谁能告诉我呢？看来用推算的方法太费事，有没有更好的办法呢？这样吧，小组合作完成自主学习卡，老师相信你们一定会有更大的发现。小组开始合作吧。

生2：我们小组发现每四年有一个闰年，那么是四的倍数的年份就有可能是闰年，大家通过计算，验证了我们小组的发现是正确的。

师：大家判断下面四个年份，哪一年是闰年？哪一年是平年？

（出示：1949、1996、2008、2010、1900）

生3：闰年有1996、2008、1900，平年有1949、2010。

师：大家都赞同吗？

众生：赞同！

师：那我们来验证一下吧！为什么1900年是平年，而不是闰年呢？大家想知道吗？那我们就来观看一段视频（播放闰年产生的视频）。

师：通过视频，现在大家知道1900年为什么不是闰年了吗？

生4：我知道了，整百年份要除以400，能够整除才是闰年。1900年除以400不能整除，所以它是平年。

（设计意图：给予学生充分思考的时间和空间，小组交流整理，培养学生的合作意识和科学研究的态度）

三、深化巩固，拓展延伸

师：通过刚才的学习，同学们已经掌握了年、月、日的许多知识，下面我们就运用所学的知识来解决生活中的一些问题——

生活中的问题

（1）有一本30页的练字帖，每天练习一页，够一个月练吗？

（2）两个月的练字帖，每天练习一页，连续练习两个月，这本练字帖有多少页？

（3）每本练字帖30页，如果买12本，每天练一页，够练习一年吗？

（4）商店里卖的练字帖开展促销活动，活动时间截至下个月2号，离活动结束时间就剩下4天了，会是哪4天呢？

（设计意图：用情境串起问题，既复习了本课的知识点，又营造了学习气氛，激发了学生学习数学的兴趣，培养了学生的思维能力）

四、全课小结，畅谈收获

师：通过这节课的学习，你有什么收获？

生1：通过学习，我知道了一年中的大月和小月，可用拳头法记住大小月。

生2：我知道判断平年和闰年的方法。

生3：我还知道闰年是怎么产生的。

师：还有什么问题吗？

生4：闰年中多出的一天，为什么要放在2月？

师：老师这里有一个智囊包，能够解决大家提出的问题，大家课后可继续学习。

（智囊包中有大小月的来历、闰平年的来历、年月日的由来、古时候的时间等有关知识）

师：人们常说，一年之计在于春，一日之计在于晨。愿我们每一位同学都能珍惜现在的每一天，努力学习，奋发向上，在将来的某一天创造辉煌！

教学评析

一、利用生活经验，激发学习兴趣

学生在日常生活和学习中，天天接触年、月、日的有关知识。因此在本节课一开始，通过谈话交流引入年、月、日，让学生感受年、月、日与生活的密切联系，同时让学生说说自己课前对年、月、日知识的了解。每个学生都有一定的知识积累，有了课前的收集和积累，在课中便能够畅所欲言。学生学习目标明确，有了学习方向，学习的主动性、创造性得到了充分发挥。

二、创设探究空间，培养自主能力

本课主要是让学生在自主探究合作交流中进行学习。课前教师让学生查找年历，去发现每月天数的特征，并把掌握的知识进行简单的整理。课上让学生进行交流汇报。本课的教学难点是判断平闰年并观察发现"四年一闰"的规律。再次让学生自主探究，并出示自学提示，由单纯的填空，再到观察发现规律，由表及里，由浅入深，不断地将学生的思维引向深处。通过自学整理，学生的自学能力不断提升，自学意识不断增强。

课例三：分数乘整数

教学内容

北师大版五年级下册"分数乘法"。

教学思考

分数乘法是数与运算主题在小学数学第三学段的一个重要内容。分数乘法是分数加法运算的自然拓展，本单元各部分知识以分数乘整数为基础展开。同时，分数乘法概念具有多重性和抽象性，学生只有理解分数乘法的意义才能运用它去解决后续相关的问题。我在本节课的设计时，重点考虑学生怎样理解算理，这虽然是一节看似简单的算理课，从学情分析来看学生已有计算结果了，但是他们真的清楚知识的本质和联系吗？三年级的时候学习了整数乘法，四年级的时候学习了小数乘法，现在五年级学习分数乘法，它们之间是否存在一致性？答案是肯定的：乘法运算的本质就是相同计数单位的累加。那么这节课怎样才能让学生体会到这些呢？

教学目标

主目标：

1.经历分数乘法计算方法的探索过程，理解分数乘法的意义和算理，发展数感。

2.掌握分数乘法的计算方法，能正确进行分数的乘法运算，培养运算能力。

副目标：

1.培养学生的合作意识，提高学生解决问题的能力和自信心，进而让学生体会数学的价值。

2.体会分数乘整数与生活的密切联系，增强学好数学的信心。

教学过程

一、谈话导入，引发思考

师：同学们，今天我们学习"分数乘整数"，看到这个课题你们有什么想问的吗？

生1：分数乘整数的计算方法是什么？

生2：这节课和我们以前学的知识有什么联系？

生3：学习分数乘整数有什么用？

师：好的，我们带着这些问题来学习"分数乘整数"。

二、问题导引，探索算法

师：1个贴纸占整张纸条的$\frac{1}{5}$，3个贴纸占整张纸条的几分之几？

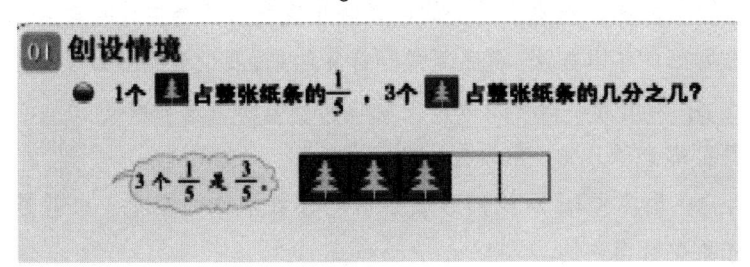

图3-1-8

生1：$\frac{3}{5}$。

师：你是怎么知道的？

生1：3个$\frac{1}{5}$是$\frac{3}{5}$。

师：这里的$\frac{1}{5}$是什么？

生1：是分数单位。

师：分数单位，说得真好。那它表示什么意思？

生1：表示把整张纸条看作单位1，平均分成5份，取了其中的1份。

师：那你会列算式解决吗？（在学习单上完成）

师：谁来说说你的方法？

生2：用加法计算是$\frac{1}{5}+\frac{1}{5}+\frac{1}{5}=\frac{1+1+1}{5}=\frac{1\times 3}{5}=\frac{3}{5}$。

生3：直接列分数乘法算式是$\frac{1}{5}\times 3=\frac{1\times 3}{5}=\frac{3}{5}$或$3\times\frac{1}{5}=\frac{3\times 1}{5}=\frac{3}{5}$。

师：刚才我们要求的是3个$\frac{1}{5}$的和，你为什么用乘法？

生3：根据我们之前学的，$3\times\frac{1}{5}$就表示3个$\frac{1}{5}$的和。这里的3表示的是$\frac{1}{5}$的数量。

师：说得真好，也就是说求3个$\frac{1}{5}$的和，可以用$3×\frac{1}{5}$或者$\frac{1}{5}×3$，这个算式表示的是$\frac{1}{5}+\frac{1}{5}+\frac{1}{5}$，说明在分数里我们也可以用乘法来表示"求几个相同加数的和的简便运算"。这里的相同加数可以表示整数、小数，还可以表示分数。$\frac{1}{5}×3$我们学过吗？

生3：没有。

师：既然没有学过，我们又是怎么解决的呢？

生3：把它转化成我们学过的分数加法来计算。

师：真聪明，把我们不会的问题转化成我们已经学过的知识，这是一种非常好的学习方法。观察算式和计算结果，我们看到分母5变了吗？

生3：没有变。分母没有改变就说明分数单位没有改变。

师：那分子3呢，它是怎么得到的？

生3：用$1×3$。这里的3表示的是分数单位的数量，也就是原来的分子乘整数得到的。

生4：我觉得这个结论只适合这道题。

师：质疑得有水平。那我们来看看这个结论能不能推广。再来看，求2个$\frac{3}{7}$的和是多少？

三、习题巩固，勾连算法

1.从分数单位的角度解决2个$\frac{3}{7}$的和

（板书：$\frac{3}{7}×2=\frac{3}{7}+\frac{3}{7}=\frac{3×2}{7}=\frac{6}{7}$）

师：有不一样的计算方法吗？

（出示：$\frac{3}{7}×2=(\frac{1}{7}×3)×2=\frac{1}{7}×(3×2)=\frac{1}{7}×6=\frac{6}{7}$）

生1：我是把$\frac{3}{7}$拆分成了3个$\frac{1}{7}$，那么$\frac{3}{7}×2=(\frac{1}{7}×3)×2$，也就是$(3×2)$个$\frac{1}{7}$，就等于$\frac{1}{7}×6=\frac{6}{7}$。

师：这个方法很特别，谁明白它特别在哪里？

生2：它特别在是从分数单位的角度考虑问题的，把原分数拆分成了3个，也就是拆成了3个分数单位。

师：$3×2$表示的是什么？

生2：分数单位的数量。

2.从计数单位的角度打通三四年级所学

师：掌声送给这位同学。这样的乘法计算方法我们以前学过吗？

生3：努力思考中。（众生笑）

师：三年级的时候我们学过整数乘法，举个例子如30×2，当时我们是怎么计算的？

生4：先算3×2=6，再在后面添个0，就是60。

师：也就是先把30拆分成3×10，也就是3个10，那么就可以这样计算：30×2=（3×2）×10=6×10=60。

师：300×2怎么计算呢？

生4：先把300拆分成3×100，也就是3个100，那么就可以这样计算：300×2=（3×2）×100=6×100=600。

师：除了整数除法，我们还计算过小数乘法，比如0.3×2，这个又怎么计算呢？

生4：先把0.3拆分成3×0.1，也就是3个0.1，那么就可以这样计算：0.3×2=（3×2）×0.1=6×0.1=0.6。

$$30 \times 2 = (3 \times 2) \times 10 = 6 \times 10 = 60$$
$$\downarrow \qquad \downarrow$$
$$3 \text{ 个 } 10 \quad (3 \times 2) \text{ 个 } \boxed{10}$$

$$300 \times 2 = (3 \times 2) \times 100 = 6 \times 100 = 600$$
$$\downarrow \qquad \downarrow$$
$$3 \text{ 个 } 100 \quad (3 \times 2) \text{ 个 } \boxed{100}$$

$$0.3 \times 2 = (3 \times 2) \times 0.1 = 6 \times 0.1 = 0.6$$
$$\downarrow \qquad \downarrow$$
$$3 \text{ 个 } 0.1 \quad (3 \times 2) \text{ 个 } \boxed{0.1}$$

$$\frac{3}{7} \times 2 = (3 \times 2) \times \frac{1}{7} = 6 \times \frac{1}{7} = \frac{6}{7}$$
$$\downarrow \qquad \downarrow$$
$$3 \text{ 个 } \frac{1}{7} \quad (3 \times 2) \text{ 个 } \boxed{\frac{1}{7}}$$

图3-1-9

师：今天计算的 $\frac{3}{7} \times 2$ 呢？

生4：今天学习的 $\frac{3}{7} \times 2$ 可以这样思考：

$$\frac{3}{7} \times 2 = (\frac{1}{7} \times 3) \times 2 = \frac{1}{7} \times (3 \times 2) = \frac{1}{7} \times 6 = \frac{6}{7}$$

师：对比黑板上的这些算式，你发现了什么？

生5：我发现10、100、0.1、$\frac{1}{7}$这些都是计数单位。

师：3×2计算的是什么？

生5：计数单位的数量。

师：也就是说，乘法其实就是在计算相同计数单位的数量。

3. 对比辨析，渗透优化

师：我们观察算式$\frac{3}{7} \times 2$，计算结果的分母还是7，因为计数单位没变。3×2算的是计数单位的数量。那就说明，我们在计算$\frac{1}{5} \times 3$时得出的结论是可以推广的。回头再看这两个算式（图3-1-10），哪些步骤可以省略？

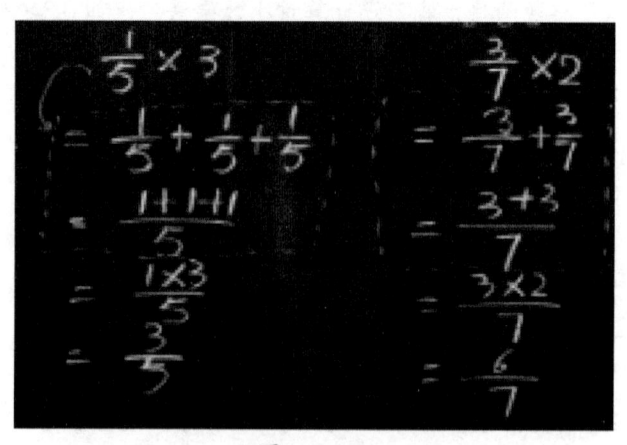

图3-1-10

生6：第二步和第三步可以省略。

师：说的真是好极了。在解决不会的问题时，我们可以借助已有经验，加强知识间的联系。下面，我们来完成学习单的练习：

$$\frac{5}{16} \times 3 \qquad 2 \times \frac{5}{9}$$

四、回顾小结，总结提炼

师：这节课你有什么收获？

生1：我知道了分数乘整数的计算方法：分母不变，分子乘整数。

师：你学会了计算方法，有所得。请坐。

生2：我明白了分数乘整数，就是算一共有多少个计数单位。

师：你善于归纳，知道了乘法计算是算计数单位的数量，这是非常好的学习方法。同学们，学习要善于归纳，在新知学习中与旧知建立联系，发现它们的异同点，这样才能灵活运用。

教学评析

"分数乘整数"是北师大版教材五年级下册第三单元"分数乘法"的起始课。计算教学的两个关键点是理解算理和形成算法，本节课的教学紧紧围绕这两个关键点展开，达到了较好的教学效果。

一、重视直观表征

史宁中教授认为，好的结论往往不是"证"出来的，而是"看"出来的。教师在学生理解题意后，通过画图、涂色表示结果，学生一方面可以看到结果，另一方面也感悟到了结果是分数单位五分之一的累积。这样的活动，有助于学生后续归纳算法时形象地理解为什么分数乘整数在计算时分母不变，分子与整数相乘。教师在这里注意了算理直观和算法抽象的联结，充分利用了直观表征的一般性。

二、重视算法多样化

教师在直观表征的基础上，引导学生自主思考如何列式，基于已有的"几个几"的认知经验，学生自然想到了加法算式和乘法算式。教师进而引导学生思考十分之三乘三应该如何计算，再一次选择了放手，让学生自主探索计算的方法，在探索中思辨。最后，学生呈现了多种计算方法，教师通过适当的评价引出书本上的算法，并要求学生说明每一步的依据，让学生明确分数乘整数需要沟通前面学过的同分母分数加法和乘法的意义。这里教师的教学可谓收放自如，既给予学生足够的自主探究的空间，又注意及时介入进行适当的引导。教师把分数乘整数的计算置于乘法计算的整体框架之下，注重了知识与知识之间的沟通和衔接。

三、重视知识应用

在学生掌握分数和整数相乘的算法和算理之后，教师还强化了应用，出示两道例题，引导学生思考计算方法以及算理，重视学生知识的应用能力。

总之，本节课尊重了学生主体地位，借助数形结合算理和算法，经历观察、比较、归纳的学习历程，对知识进行整体建构，形成一致性，完善学生的认知结构。

课例四：农家小院

教学内容

北师大版二年级上册"农家小院"。

教学思考

"农家小院"是北师大版教材二年级上册第九单元"除法"中的内容，主要是表内乘、除法的综合应用，是在学生已经比较熟练地掌握乘法口诀和求商后的一节综合练习课。在农家小院的主题情境下，教材设计了四个问题，问题1"说一说，你能提出哪些可以用乘法或除法解决的问题"，鼓励学生经历发现和提出问题的过程；问题2"算一算"，引导学生整理提出的问题，培养分析和解决问题的能力；问题3"黄瓜的高度是青椒的几倍"，探讨两个数量之间的倍数关系；问题4"找找生活中可以用乘法或除法解决的问题，并尝试解答"，使学生感受数学与生活的联系，进一步提高发现和提出问题、分析和解决问题的能力。

教学目标

主目标：

1.结合"农家小院"的具体情境，经历有序寻找信息、提出问题、分析和解决问题的过程,学习解决问题的方法，进一步巩固乘除法的意义。

2.能够运用乘法、除法与倍的知识，分析和解决一些简单的实际问题，初步培养分析和解决问题的能力。

3.在解决问题并与同伴交流的过程中,感受数学与生活的密切联系，初步培养应用数学的意识。

副目标：

1.运用学生喜爱的《爸爸去哪儿》节目为导线，充分调动学生的情绪，让学生以高度的注意力、热烈而紧张的心情参与学习。

2.教材中的农家小院图中信息量较大，完整收集所有信息对部分学生存在困难，鼓励他们战胜困难，讲究方法。

3.模拟节目出示任务卡，让学生身临其境受邀参与"橘子农家乐"活动，体会农民的辛苦劳作和粮食的来之不易；让学生多动口、多动手、多动脑，在活动中主动与他人交流，寻找时机进行自我表现。

教学重难点

1.发展学生有序寻找信息、提出问题、分析和解决问题的能力。

2.学生能灵活运用解决实际问题的方法。

教学过程

课前放松：同伴拍手背2—9的乘法口诀。

一、创设情境，获取信息

师：大家看过《爸爸去哪儿》吗？节目中的小朋友靠自己和小伙伴们的努力及智慧完成了一个又一个任务，今天老师也要带大家去一个地方，完成一些任务，大家有信心吗？

众生：有信心。

师：目的地藏在一首小诗中，边听边思考："坐北朝南一农家，东栽翠竹西栽花。山上山下种果树，左右池塘养鱼虾。庭前院后鸡鸭叫，小康人家一幅画。"

众生：农家小院。

师：对了，我们的目的地是农家小院。今天就让我们走进农家小院，用数学的眼光去发现农家小院中的秘密。

师：仔细观察，你看到哪些数学信息？

生1：有20个南瓜。

师：能把相关的信息有条理地完整说一说吗？

生1：有20个南瓜，每筐装4个。

师：刚才这位同学把文字显示出的信息说得非常清楚，图中还有别的信息吗？（有条理说时，生一边说师一边示意）

生2：每串8个玉米，有6串。

生3：青椒高7厘米，黄瓜高35厘米。

生4：有12只兔子，平均放在4个笼子里。

生5：54个柿子，每盒装6个。

（设计意图：通过主题图提取数学信息学生比较熟悉，一些学生也能做到有序地观察图片，但是在观察一幅信息较多的图片时，大部分学生提取出的信息是比较零散的，往往不会注意到这些信息之间的联系。本环节注意引导学生在有序观察的同时，还应该注意提取相关的数学信息，并把数学信息完整地表达清楚）

二、问题驱动，合作探究

1. 画图来帮忙

师：让我们打开第一张任务卡，请看大屏幕。

任务卡一

（1）选择合适的信息，口头提出用乘法或除法解决的问题。

（2）列式解答，只写算式和单位名称。（提示：解答有困难，画图来帮忙）

生1：$20÷4=5$（筐）。

生2：$6×8=48$（根）。

生3：$35÷7=5$。

生4：$12÷4=3$（只）。

生5：$54÷6=9$（个）。

（设计意图：本环节通过任务卡形式吸引孩子的注意力，学生年龄小，书写能力弱，让学生口头提出问题，并用画图的方式来分析问题）

2. 同伴猜猜猜

师：同学们太棒了，有的同学一下子写出5个算式。下面让我们打开第二张任务卡：同伴猜猜猜。

任务卡二

（1）一猜：猜同伴的算式表示什么意思？

（2）二猜：同伴的算式可能是什么样的数学问题？

（设计意图：通过逆向设计，依据算式猜数学问题，进一步借助直观图来连接问题与算式，逆向打通问题与算式之间的关系，使学生对乘除法本质意义的理解更加透彻，让学生在深度思辨中理解算式蕴含的本质）

3. 汇报展示（一人说算式，全班同学猜问题；一个说问题，全班猜

他的算式）

师：谁来分享自己的算式？

师：谁来猜一猜他的信息和问题？其他同学进行补充。

生1：黄瓜的高度是青椒的几倍？

生2：需要装几筐？

生3：墙上挂着多少根玉米？

生4：每个笼子住几只？

生5：需要几个盒子？

（教师用连线的方法，把信息、问题和对应算式连在一起）

师：同学们用学过的知识解决了这么多数学问题，太厉害了。现在请大家回过头看看，把我们刚才思考的过程梳理一下。

生：我们先是收集信息（收集信息一定要做到图文结合），再提出问题（提出问题时一定要选择相关信息），最后解决问题（解决问题一定要思考分析）。

（设计意图：本环节把选择信息、提出问题、解决问题通过让同伴猜的游戏融合的方式，让学生主动有效地参与数学活动，在获取知识的同时关注数学方法的总结提炼）

三、生活应用，深化理解

师：同学们，你们刚才已经顺利完成两张任务卡，有部分同学表现得相当出色。节目组决定邀请这些同学进入下一个目的地。在出发之前，请你帮忙解决以下两个问题。请看大屏幕：

> 二（1）班24名优秀学生受邀参加"橘子农家乐"体验活动。
> （1）每4人坐一辆车，需要几辆车？
> （2）把他们平均分成3组，每组有多少人？

生1：$24 \div 4 = 6$（辆）。

生2：$24 \div 3 = 8$（人）。

师：我们的目的地是我们建瓯的"橘子之乡"。刚一下车，村干部就迫不及待地和我们介绍橘子上市的全过程，并且快速地分配了我们接下来的任务。请看大屏幕：

(1) 从图中你看到哪些数学信息？
(2) 你能提出哪些用乘法或除法解决的问题？

生1：一共摘了多少个橘子？

生2：平均每个同学包几个橘子？

生3：需要几个箱子？

师：假如你受邀参加"橘子农家乐"这次体验活动，你有什么体会呢？

（设计意图：创设"橘子农家乐"活动，让学生在问题解决的过程中置身于真实情境中自主发现并解决问题，于课堂学习中感受到学习有意义、有意思、有挑战、有收获）

师：活动结束，我们收到一封信。现在来解决信封里的问题，获得神秘的礼物。

(1) 老师布置班级，选出12幅小报，每4幅摆一行，可以摆几行？

(2) 班级大扫除，班上有48张桌椅，6名值日生，平均每人需要擦几张桌椅呢？

(3) 老师给我们组女生每人分3颗糖果，要准备多少颗糖果？

(4) 老师给我们组男生24张表扬信，平均分后每人有几张表扬信？

四、布置作业，拓展延伸

师：今天这节课，你对自己的表现满意吗？你最大的收获是什么？

生1：农民劳作很辛苦，粮食的来之不易。

生2：可以用数学知识解决我们身边的问题。

师：找找生活中用乘法或除法解决的问题，画一画、写一写，并尝试解答。

教学评析

在本课教学中，教师根据一个算式，让学生主动寻找生活中的例子，引导学生发散思维，一石激起千层浪，学生的想法源源不断地流淌出来，思维不断向纵深处发展。在此基础上，教师又引导学生列出一个乘法算式，并寻找生活中的例子。

纵观本节课，教师关注不同学习能力的孩子，并给孩子们提供有力的"脚手架"，促使他们理解知识，有意培养孩子们"找异同"，促使孩子们学会及时反思，引发深入思辨，激活思维。

正所谓"润物细无声"，学生的思辨意识就这样慢慢增强。这过程，需要教师多些耐心与细心，提供更多的主动提出问题、参与解决的机会。

第二节　信息技术赋能"思辨课堂"

数字经济是全球未来发展的重要方向，数字化社会新形态也在深刻影响着教育，数字化技术与学科教学的深度融合成为时代的呼唤。而这，为学生思辨的发展提供了更多时空的支持，有利于学生能力的发展。

2014年，我曾参与由福建省电教馆立项的课题《翻转课堂——基于家校信息环境及认知科学的课堂模式研究》，带领组员进行翻转课堂实验，主创数学翻转课堂"二四二模式"。2021年，我又主持课题《人工智能＋教育助力小学生学习力提升的实践与研究》（立项号：FJJKZX21-380），进一步完善学习模式，促进学生的全面发展。

以下，呈现几个典型课例。

课例一：圆的周长

教学内容

北师大版六年级上册"圆的周长"。

模块一：课前微课导学

教学目标

1. 认识圆的周长，能用简单的测量方法测量圆的周长。

2.在测量活动中探索发现圆的周长与直径的关系,理解圆周率的意义及圆的周长的计算方法。

3.能正确计算圆的周长,掌握圆的周长计算公式,运用圆的周长知识解决一些简单的实际问题。

教学重难点

重点:圆的周长计算公式的推导过程,运用圆的周长知识解决一些简单的实际问题。

难点:圆周率意义的理解。

教学过程

一、创境导入,增强引力

师:一滴水珠落入平静的湖面上,荡起层层波纹,一圈圈大小不同的圆形波纹荡漾开去,让人产生无限的遐想。此时我不禁想起古希腊数学家毕达哥拉斯说过的话:"圆是最美的图形。"这么美的图形,你会画吗?让我们一起画一个美丽的圆吧!

二、直观演示,理清概念

师:用手摸摸所画的线,这是一条曲线,围成圆的这条曲线的长叫作圆的周长。圆的周长该如何测量呢?

三、动手测量,发现规律

师:我们可以用滚动法。把圆剪下,在圆边上做个记号,对准直尺的零刻度线,然后把圆沿着直尺滚动,直到这一点又对准了直尺的另一个刻度,这时候圆就正好滚动一圈。圆滚动一周的长就是圆的周长。这个圆的周长大约是6.28厘米。

师:你还有测量圆的周长的方法吗?快把你的好方法上传到思维导图中与大家分享吧!

师:如果我在黑板上画一个圆,能用滚动法测量吗?显然,滚动法测量有它的局限性,我们知道正方形的周长是边长的4倍,那么圆的周长跟什么有关,又有怎样的关系呢?

师:看,以三条不同长度的线段为直径,分别画出三个圆,然后把三个圆同时滚动一周,得到三条线段的长度,分别就是三个圆的周长,观察这三个圆,哪个圆的直径最小,哪个圆的周长最小。显然第一个圆的直径和周长都是最小的,说明圆的周长与直径有关系。

师：有怎样的关系呢？量出你所画的圆形的周长与直径，并计算出你所画圆形和这三个圆的周长除以直径所得的商，得数保留两位小数。

师：这一讲到此结束，你们学会了吗？

模块二：完整课教学设计

教学目标

1.在对圆的周长已有认识的基础上，加深对圆的周长的认识，能用不同的测量方法测量圆的周长。

2.在测量活动中进一步探索发现圆的周长与直径的关系，理解圆周率的意义及圆的周长的计算方法，发展几何直观和推理意识。

3.能正确计算圆的周长，掌握圆的周长计算公式，运用圆的周长知识解决一些较复杂的实际问题。

教学重难点

重点：圆的周长计算公式的推导过程，运用圆的周长知识解决一些较复杂的实际问题。

难点：圆周率意义的理解。

教学实录

一、谈话导入，激发兴趣

师：同学们看这是什么图形？（屏幕出示圆）

生1：圆。

师：圆以它独特的美被人们广泛运用于生活中，你知道生活中哪些物体上有圆吗？

生1：钟面是圆形的。

生2：转动的风扇，转出了一个圆形。

生3：水杯的上下面是圆形。

生4：车轮是圆形的。

师：你骑过自行车吗？

生4：骑过。

师：圆形车轮的自行车，骑着是什么感觉？

生4：很舒服。

生5：比走路舒服。

师：让我们带着这熟悉的感觉开始愉快的自行车之旅吧！出发前我要考考你们：怎样才能知道自行车的车轮向前滚动一圈前进多少米？

生6：要量出车轮的直径或半径是多少厘米。

（设计意图：通过谈话，拉近师生之间的距离；从生活中熟悉的事物引入新知的学习，用以激发学生的兴趣）

二、反馈先学，以学定教

师：说到测量，同学们在思维导图中上传了很多关于测量圆周长的方法。让我们一起来看看同学们的奇思妙想吧。

1. 反馈测量方法及步骤

（1）展示图片，学生介绍图片中内容。

（2）强调操作的准确性，尽量减少操作误差。

2. 明确周长与直径的关系

师：我们知道测量圆的周长有一定的局限性，因此要寻找发现一种计算的方法。让我们一起来看同学们的发现。

（展示部分作品）

师：圆的周长与什么有关系？

生：与直径和半径有关系。

师：有怎样的关系？

生：在同一个圆中，周长是直径的3倍多一些。

师：这个3倍多一些的数是固定值。我们称之为圆周率，用字母 π 表示。关于圆周率大家了解多少呢？

3. 了解发展史，增强自豪感

师：有关圆周率的记载最早可追溯到我国2000多年前的《周髀算经》。公元前3世纪，古希腊数学家阿基米德发现，当正多边形的边数增加时，它的形状就越来越接近圆，算出了圆周率的值介于 $\frac{223}{71}$ 和 $\frac{22}{7}$ 之间。我国魏晋时期杰出的数学家刘徽得出了圆周率的近似值是3.14。1500多年前，我国南北朝时期著名的数学家祖冲之得到了 π 的两个分数形式的近似值，约率为 $\frac{22}{7}$，密率为 $\frac{355}{113}$，并且算出 π 的值在3.1415926和3.1415927之间，这一成就在世界领先了约1000年。

师：听后，你有什么感想。

生1：我们的祖先非常伟大，在没有计算机的情况下，能算得这么精准，太了不起了。

生2：古人很有智慧。

生3：古人的研究精神值得我们学习。

4.反馈练习中的优点与不足

师：正是因为古人发现了圆周率，因此我们能运用这个值，计算出圆的周长，看，练习中（展示平台中同学们上传到导图中的作业图片）第一小题3个圆都是已知圆的直径或半径，求它的周长，同学们都能根据圆的周长是直径的3倍多一些和一个圆中直径是半径的2倍这两个关系，运用直径乘3.14或半径乘3.14再乘2的方法，计算出圆的周长，说明大家已经通过观看微课，掌握了圆的周长的计算方法。

师：用篱笆围成的半圆鸡舍，半径是6米，篱笆长多少米？出现了两种算法：你喜欢哪一种，为什么？

生1：我喜欢解法一：3.14×6×2÷2=18.84（米）。它是先用公式$c=2πr$求一个整圆的周长，再除以2求圆周长的一半，即鸡舍的篱笆长度。这个不容易混淆。

师：说得很好，与圆周长有关，先求周长，再根据要求求出它的一部分。

生2：我喜欢解法二：3.14×6=18.84（米）。运用半径是直径的两倍，那么圆周率半径就是圆周长的一半，这样计算更快。

师：想法有创新，列式简洁，计算更简单。看完同学们的作品，你们有什么需要提醒这几个做错的同学。

生3：计算的技巧可先算其他数相乘的积，再与3.14相乘，避免数位错造成的计算结果错误。

生4：对于一道题要先理解题意，明确需解决的是周长还是圆周长的一部分（几分之几），可画图帮助，用数形结合的方法予以解决。

（设计意图：通过屏幕出现学生在思维导图中的答题与操作情况，学生会特别关注；组织学生进行分析和反思答题的优缺点，增强了学生的观察力和洞察力，培养了学生的思辨力和探究力）

三、层次练习，巩固提升

师：你们的提醒很有价值，同学们都记住了吗？

众生：记住了。

师：好，下面就考考大家。

（出示题目：一部自行车，车轮半径为0.3米，向前滚动一周前进多少米？）

生1：3.14×0.3×2=1.884（米）。

师：大家同意他的答案吗？

众生：同意。

师：你的口算能力真好，请坐。现在让我们闭上眼睛，骑上这部向前滚动一圈，前进1.884米的自行车，开始我们愉快的自行车之旅吧！凉爽的风儿拂面，平稳的感觉真好，不知不觉来到水西桥。睁开眼睛，看全长238.83米的水西桥，如一条长龙横跨在建溪河上。水西桥始建于宋代，于2013年改造后有了如今的规模，是连接老城区与新城区的纽带。穿过水西桥，来到新区体育场，有许多市民在跑步锻炼。看到熟悉的美景，结合所学知识，你知道——

[出示题目：水西桥全长238.83米，车轮半径为0.3米的自行车经过这座桥，列出算式后估一估，车轮大约滚几圈？（得数保留整数）]

生2：238.83÷1.884，我把238.83估成240米，把1.884估成2米，答案大约是120圈。

生3：我的列式也是238.83÷1.884，但是我把238.83估成200米，把1.884估成2米，答案大约是100圈。

……

师：以上同学，都说得有理有据，估算的结果都具有一定的参考价值。孩子们，让我们停好车，一起绕跑道跑一圈吧。

（出示题目：绕如图3-2-1跑道跑一圈有多长？方格为1厘米的正方形）

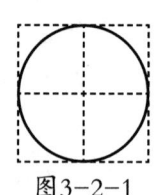

（要求：独立在练习本上练，指名汇报）

师：汇报很完整，既有相同的地方，也有创新之处，时间过得真快，让我们骑车返回学校。愉快的旅程结束了，但圆知识的学习能画上句号吗？

图3-2-1

众生：不能。

师：只能画上逗号。

（出示题目：计算图3-2-2的周长。方格为1厘米的正方形）

师：请计算这两个图形的周长。

（设计意图：层次练习，让不同层次的学生都能参与思考，人人参与，在原有基础的水平上得到不同的提高）

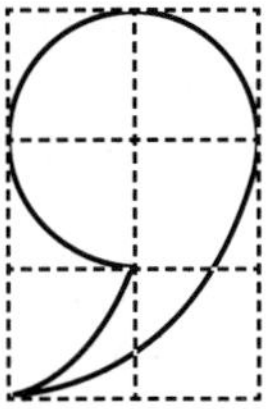

四、总结全课，拓展延伸

师：学习就要多思、多想、多问，因为"提一个问题往往比解决一个问题更重要"。（出现问号）这个问号怎么画？它的周长是多少？请同学们课后思考。

图3-2-2

教学评析

本课教学采用"翻转课堂"教学模式，依托信息技术，让学生借助电脑自主学习微课，在不受他人影响下反复多次听讲，借助思维导图的引导，巩固新知并提高思维水平。正如新课标指出的，数学学习应让"不同的学生得到不同的发展"。本课突出的亮点有以下几处：

一、借助网络，轻松先学

课前让学生在家里进入网络平台，观看老师已录制好的《圆的周长》微课，明确圆的周长的概念及圆周长的测量，对圆的周长与直径关系的研究有一定的探究方向，了解圆周率的发展史。微课与学生近距离接触，消除授课时的远距离听不清楚的情形和对教师的畏惧感。当部分学生观看一次微课达不到理解的程度，还可重复播放，直到听明白为止。

在观看微课后，进入思维导图，按照导图中各块知识的研究与解决要求，对已学知识进行巩固加深，解决相关问题，提高解决问题的能力。"孩子的成长需要从扶到放的过程。"思维导图如同拐杖，在孩子需要时扶一扶，使孩子学习知识的过程变得更加顺利，体验探索知识的过程，品味解题成功的喜悦，实现轻松学习。

二、人机交互，突显个性

新课标提出，"数学学习活动应当是一个生动活泼、主动探索和富有个性的过程"。该模式中学生的先学是在人与电脑之间进行的，是由学生独立地与电脑进行沟通，学生的想法不受他人影响，自主进行研究、操作、答题，呈现出的过程与结果均是学生个性化的体现，教师可以在平台上了解到学生的个性化解题资料。

在本课中收集到孩子关于测量圆的周长除了滚动法是微课中引导的，还出现了绳绕法、剪拼法、用软尺测量这三种方法，学生上传的图片很好地呈现了操作的过程。

在了解学生运用知识解决相关问题时，也发现学生个性化的解题思想。

三、创设情境，人人参与

本课的课堂教学是在学生对新知已有一定的了解的基础上进行的，学生对知识已没有了新奇感，主要是以反馈与知识拓展，提高学生的数学能力为目的。因此通过创设"自行车之旅"的教学情境，让学生在旅行的过程中提出问题、分析问题、解决问题，培养对数学学习的喜爱，从而提升学生的数学能力。

课堂上，创设了"骑自行车了解车轮前进一圈有多长""自行车经过水西桥车轮滚几圈""绕跑道跑一圈有多少米？""逗号的周长是多少"等生动有趣的实践活动，给予学生人人参与的探究机会。教师轻松生动的课堂语言，为学生营造开放宽松的课堂环境，可以给予学生充分的自由空间；恰到好处的鼓舞性激励语言，可以抓住学生的心，使学生一步步发现问题，解决问题。

四、互动反馈，加深理解

人与人之间的交流，可以增进了解，学生间的相互反馈，可以加强对知识的理解。本课教学前对学生先学做了部分反馈，针对学生在导图中的信息进行针对性的交流，肯定优点，对错误进行批改。学生看到自己上传的资料及答题过程在屏幕上出现，异常关注，积极进行解说；有些问题在屏幕上出现，由于观察认真，自己发现错误，并及时修改；同学之间答疑解惑，对所学知识进一步思考，更全面地了解了数学知识。

层次练习，让小组内水平不同的孩子相互交流、巩固知识，解决了后进生无事可做、优秀生不屑于做的现象，促进不同程度的学生在原有水平上的进步。

"教学是一门遗憾的艺术"，本课也存不足。首先这种教学模式中，孩子们对电脑的操作不熟练，作业完成不能准确上传，因而在平台上找不到部分学生的作业。其次，网络服务能力有待提高，部分学生在进入平台时，发现无法登录，有时做一部分出现卡死等故障。第三，教师的电脑操作技术和课件制作水平也需进一步提高，要制作出吸引学生的画面，设计更多具有批判性与思辨性的问题，引发学生深入思考。总之，信息技术不断更新，我们也要不断学习，改进教学方法，提升自我水平，更好地教育培养学生，以适应社会发展的需求。

课例二：平面图形的面积复习

教学内容
北师大版六年级下册"图形与测量"。

教学思考
复习课要提炼有效的问题，它是构建深度课堂的前提和保证，决定着课堂中学生的思维走向及思维发展的广度和深度。有效问题引领，不仅可以激发学生探究问题的兴趣，激励他们主动、自觉地参与到学习中，而且也有利于学生认知及思维水平由表及里、由浅入深。现结合"平面图形的面积复习"一课的执教过程简述。

一、去粗存精，提炼有效问题

新课标明确提出："重要的数学概念与数学思想逐步深入。"教师作为学生数学活动的组织者、引导者和合作者，在对教材及教学本质的透彻理解下，要抓住数学本质，在思考中明晰、确定主线：自主梳理→聚焦问题→展示反馈→情境练习→课堂小结。

1.基于生活，激发学习兴趣

平面图形的面积在生活中的运用是非常普遍的，从学生熟悉的生活话题"拍卖公告"让学生参与竞买入手，让学生感受到数学就在身边。学生在这样的对话中易产生共鸣，一下子感受到了平面图形面积的重要性，从而激发学习兴趣。

2.问题简练，彰显思维深度

问题是数学的心脏。在本课教学中，必须提炼有效问题进行探究。在第二环节"梳理问题，答疑解惑"中，紧扣"既然平面图形面积公式是有联系的，如何用图表示出它们之间的联系？"和"在小学阶段，首先学习的是长方形的面积计算公式，这是为什么？"这两个主线问题，对平面图形的面积知识进行梳理，完善知识体系。

3. 丰富练习，培养应用意识

教师要立足学生已有的生活经验和知识基础，引导学生把所学的数学知识应用到生活中去，解决身边的数学问题，了解数学在生活中的作用，体会学习数学的重要性。

在第三环节中，出示书房场景图，以计算"墙壁装饰画""书房地面铺方砖"的练习，引导学生展开讨论，帮助学生有效地沟通平面图形面积在生活中的运用。

二、聚焦思维，提炼有效问题

关于平面图形的面积复习，学生会记住公式，能用公式解决问题就是掌握了吗？我认为应该是用"转化"的思想让图形动起来，让这些固定的公式动起来。只有打开了学生的思维，给学生留下深刻的印象，给予学生思考探索的空间，才能激发学生更进一层的思辨。

教学目标

1. 理解平面图形面积计算公式的推导过程，正确进行数学表达与交流，并解决生活中的实际问题。

2. 经历观察、想象、操作的实践活动，学生学会梳理及完善平面图形面积的知识结构，形成空间观念和推理意识。

3. 积极参与数学思考，激发学生学习数学的好奇心和求知欲，培养合作意识。

教学过程

一、创设情境，揭示课题

师：同学们，看过拍卖吗？

众生：看过。

师：这是一份土地出让权拍卖公告，如果我们参与竞买，那么需要了解这块土地的哪些信息呢？

生1：面积。

生2：地理位置。

生3：价格。

生4：形状。

师：同学们说得都有道理。土地的形状可能是各种各样的，但无论这块地是什么形状，计算面积时，我们都要运用一些基本的平面图形面积的知识。这一节课我们要进一步研究"平面图形的面积"。[板书："平面图形的面积（总复习）"]

（设计意图：创设积极的课堂学习心理氛围，通过出示拍卖公告，让学生参与竞买，引导学生发现问题，激发学生自主思辨的热情）

二、梳理问题，答疑解惑

1. 整理完善知识结构

师：同学们真是善于思考，在平台中，我看到同学们提出了很多数学问题。简单的问题，同学们已经通过相互合作完成了，我发现了两个特别有价值的问题，咱们先来解决其中一个：

既然平面图形的面积公式之间是有联系的，如何用图表示出它们之间的联系？

师：下面四人为一组，小组合作共同画一张平面图形面积间的关系图。

生1：我们组的意见是，长方形的面积计算公式是基础，正方形、平行四边形、圆的面积公式都是在长方形的基础上推导出来的，三角形、梯形的面积公式又是在平行四边形面积公式基础上推导出来的。

生2：我们认为这六种平面图形联系紧密，先学习了长方形的面积计算，才能推导出其他图形的面积计算公式。

师：说得真好！这六种平面图形之间是有联系的。（教师巡视后展示部分学生画的图，并让学生说说是怎么想的）

2. 为何先学习长方形的面积计算公式

师：老师发现同学们在画关系图时，都是先画长方形，谁来说一说为什么这样画？

生1：我们开始学习面积时，就是先学长方形的面积。

生2：长方形是学习其他图形的基础。

生3：（指图，图略）从左往右看，根据长方形的面积公式可以推导出其他图形的面积公式；从右往左看，我们在探讨一种新的图形面积计算时，都是把它转化成已经学过的图形。

师：你说得太精彩了！转化，是一种很重要的方法。（教师转动学生画的图）

师：我们换个角度再看，这像什么呢？

众生：树。

师：这多像一棵知识"树"啊！图形与图形之间的联系紧密，长方形的面积计算公式是"树根"，是学习各种图形面积计算的基础。

（设计意图：通过数学学习，要求学生能够学会与他人合作，并能与他人交流思维的过程和结果。数学教学中组织学生进行有效的小组合作学习，是培养学生团结合作精神的有效途径）

三、情境练习，提升拓展

师：老师见同学们学得这么认真，想考考大家。有信心接受挑战吗？

1.填表

师：根据下表给出的条件求面积。（要求：学生计算，指名汇报计算结果，屏幕显示答案，全班核对）

图形名称	已知条件		面积
长方形	长20分米	宽12分米	
三角形	底2分米	高2分米	
梯形	上底0.6米下底0.4米	高2.8米	
圆			

师：圆请你们自己给出条件，并求出面积。（教师引导学生编题：已知圆的半径或直径或周长，求圆的面积。根据学生的回答，教师在表格中随机输入已知条件及答案）

师：同学们都能熟练计算以上平面图形的面积，那么你们会解决生活中的相关问题吗？

2.出示书房场景图

师：看，这是欢欢的书房。请大家观察书房，说一说：在实际生活中，面积计算有哪些应用呢？

生1：墙壁刷油漆、贴墙纸，与面积计算有关。

生2：地面铺砖，要算面积。

生3：做窗帘，用多少布，与面积有关。

生4：窗户上玻璃有多大，是指面积。

生5：墙上的那幅装饰画，是一个圆。它的大小是指面积。

……

师：数学，与我们的生活密切相关。让我们一起来探讨刚才大家提出的一些问题。

3."墙壁装饰画"问题

师：墙面装饰画的底板是一块三夹板，装饰画有多大呢？怎么描述？一些信息如下：它是从长1.2米、宽0.6米的长方形三夹板上切割的最大的圆。请你描述这幅装饰画有多大？

生1：这幅装饰画的直径是0.6米。

师：你怎么想的？

生1：在长方形中切割一个最大的圆，圆的直径等于长方形的宽。

师：对！这是一个直径为0.6米的圆，还可以怎样描述呢？

生2：这是个半径为0.3米的圆。

生3：这是个面积为0.2826平方米的圆。

师：说说你的想法。

生3：半径是0.3米，面积是3.14×0.3=0.2826（平方米）。

师：说得真好！我们可以描述这个圆的直径、半径、面积，用数学语言交流，多简洁啊！

4."书房地面铺方砖"问题

师：房间长4米、宽3.2米、高2.8米。地面铺的是边长0.4米的方砖，算一算，装修时至少用了多少块方砖？（要求：只列式，不计算。教师借助多媒体出示题目，并指名读题）

生：（4×3.2）÷（0.4×0.4）。

师：还有一个已知条件"高2.8米"怎么没用上？

生："高2.8米"是多余条件，因为这道题计算的是地面方砖的块数，只与房间的长和宽有关系。

师：是的，我们要善于分析，从中提取有价值的信息。

5.万能公式问题

师：同学们都能很好地根据信息，列出解决平面图形面积问题的式子，那么有一个这样的式子"$(a+b) \times h \div 2$"，它能计算哪个图形的面积？请画出图形，并举例说明。

生1：请看图（图略），这个式子可以计算上底为a厘米，下底为b厘米，高为h厘米的梯形面积。

师：图与文字结合，让我们瞬间明白了，非常好。还有不同想法吗？

生2：我画出的是长方形，当长是 a 厘米，宽是 b 厘米，此时 a 等于 b，高是 h 厘米，那么长方形面积是 $(a+b)\times h \div 2$，也就是 $(a+a)\times h \div 2=2a\times h \div 2=a\times h$，即长乘宽。

师：请一位同学说说你明白了什么。

生3：我明白了当一个梯形的上下底一样长时，就是一个长方形，所以梯形面积也适用于长方形面积的计算。

师：真是善于倾听的孩子，抓住了主要意思，并能用自己的语言清晰描述。还有不同的吗？

生4：我认为它也适用于三角形，当梯形的上底是0厘米时，就成了一个三角形，也就是 $(0+b)\times h \div 2=b\times h \div 2$。

师：是的，能从不同的角度思考问题，并有理有据，欣赏你的思考。

生5：还可以是平行四边形，当一个梯形的上下底一样长时，也可能是一个平行四边形，所以，梯形面积也适用于平行四边形面积的计算。

6."拍卖土地"问题

师：同学们都能有根据地介绍自己的图与式子的关系，说明对平面图形的面积已经掌握了。现在让我们再来看拍卖土地。有这些信息：拍卖如下图形状（图略）的一块土地，底价是每平方米200元。有一名开发商准备用50万元买这块地，你觉得够不够？

生1：够！这块地的面积是 $(60+100)\times 30 \div 2=2400$（平方米），需要 $2400\times 200=480000$（元）。

师：肯定吗？

（大部分学生同意）

生2：可能不够。因为是拍卖，价格可以往上升，50万元也就可能不够了。

生3：如果这块地没有人竞买，那48万元就够了。

师：从中我们得到了启发：思考问题要联系实际。50万元买这块地，可能够，也可能不够，要根据拍卖现场的情况而定。

四、课堂小结，形成系统

师：通过这节课的学习，你有什么收获？请完成导图，拓展学习，并与同学交流吧。

教学评析

"平面图形的面积复习"是六年级下学期总复习的内容，属于复习课型。复习课贵在温故而知新，贵在能给学生留下深刻的印象，复习课应是串珠成线、理面成体，能给学生留下思考。本节课主要从学生已有的知识出发，对平面图形的基础知识、平面图形的面积公式及面积公式的推导过程进行有序的整理与复习，让学生对转化、化曲为直、极限思考等数学思想和数学方法进行系统整理。

本节课的教学重点是让学生在自主探究和合作交流的过程中，对平面图形的面积推导过程进行复习，对学习平面图形面积的方法进行整理，教学难点是对数学方法和数学思想的应用。通过本课的学习，学生能运用转化的方法解决不规则图形的面积，感受数学与日常生活的密切联系。下面我就这节课谈谈感受。

一、于本质中追问，串珠成线

从三年级到六年级，从长方形的面积到圆的面积，学生都是在学公式、做练习的状态，扎实但却零碎。小学数学总复习是学生小学生涯的"收官"阶段，复习的目的应该是帮助学生对所学的内容进行系统梳理，进而加深理解，提高应用能力，完善学习方法。本节课老师在课前通过潜能平台，让学生自主预习，并把问题上传到平台。学生在平面图形面积公式的复习整理中，把相关知识串珠成线、理面成体；在反复探索中拓展延伸，温故知新。本课让学生悟到从最重要的长方形的面积公式到最特别的圆的面积的公式，最后到最麻烦的梯形的面积公式，反而变成通用的万能公式，展现了数学的神奇——长相完全不同的图形，结果却是失散多年的"兄弟"。

关于平面图形的面积，学生真正存在的问题是什么？是记不住公式吗？是能用公式解决问题吗？记住、会用公式解题就是掌握了吗？能理解每种图形所对应的面积背后的典型几何特征的描述了吗？能用"转化"的思想让图形动起来，让这些固定的公式也动起来吗？这节课执教者就很好地解决了这些问题，巧妙打开了学生的思维，比让学生反复练习更有意义。数学课堂结构要教师做到真的把课堂还给学生，教师更关注的是学生的发展，敢于用学生的课堂精彩资源替换自己课堂结构的完整度，根据学生的课堂实际取舍，机智教学，让教师的教发生在学生真正需要的地方。

二、突破思维定式，让思考走向深处

在梳理问题环节，各小组将遇到的问题呈现出来，生生之间互纠互补，最后教师聚焦特别有价值的问题，将课堂推向高潮。问题呈现：在小学阶段，首先学习的是长方形的面积计算公式，这是为什么？学生独立思考，再引导学生小组内交流，最后全班进行展示。教师发现同学们在摆图形时，都是先摆长方形，谁来说一说。学生振振有词，有的学生认为长方形是学习其他图形的基础。另一名学生得出：从左往右看，根据长方形的面积公式可以推导出其他图形的面积公式；从右往左看，我们在探讨一种新的图形面积计算时，都是把它转化成已经学过的图形。最后教师进行小结：这多像一棵知识"树"啊！图形与图形之间的联系紧密，长方形的面积计算公式是"树根"，是学习各种图形面积计算的基础。这样一来，就将课堂进行拓展延伸，把学生的思绪带往更深更远处……

本节课将梳理知识与课堂练习有效融合，不仅使学生完善了平面图形的面积计算的知识梳理，更为重要的是让学生在课堂中不断体验，不断感悟，亲身经历知识形成的全过程，发展了学生的空间想象力，使学生积累了探索面积策略的活动经验，为后续的学习提供了借鉴，对学生未来的可持续发展产生较大的影响。

课例三：用字母表示数

教学内容

北师大版四年级下册"认识方程"。

教学思考

本课的授课对象是四年级的学生，是在学生学习了整数加、减、乘、除四则运算以及常见的数量关系的基础上进行学习的。

本课的授课对象是四年级的学生，是在学生学习了整数加、减、乘、除四则运算以及常见的数量关系的基础上进行学习的。

用字母来表示数是学习数学符号，学会用符号表示具体情境中隐含的数量关系和变化规律的重要一步。因为从具体的数量过渡到可以用字母表示数，使学生初步感知用字母表示数的可变性和广泛性，是认识上的一次飞跃，对他们来说是很抽象的，显得较枯燥。特别是用含有字母的式子表示数量关系，对小学生来说比较抽象。例如，已知妈妈年龄比小晖大27岁，用 a 表示小晖的岁数，那么 $a+27$ 既表示妈妈的岁数，又表示妈妈总是比小晖大27岁的年龄关系。这是学生初学时的一个难点，首先他们要理解母子年龄之间的关系，把用语言表述这一关系改为用含有字母的式子表示；其次，他们不习惯将 $a+27$ 看作一个量。这是从具体的数和运算符号组成的式子过渡到含有字母的式子，是学生学习数学的一个转折点，是学生学习代数初步知识的起步，也是学习方程、不等式、函数等知识的基础。我设计时主要是让学生自主探索，在具体的情境中领会转化的数学思想，体会并掌握运用用含有字母的式子表示数量及数量关系的方法，并能在运用的基础上解决实际问题。

教学目标

知识与能力：

1.借助生活中的实例，理解用字母表示数的方法，会用含有字母的式子表示简单的数量、数量关系和计算公式。

2.理解字母的取值范围是由实际情况决定的，会根据字母取值，求含有字母式子的值。

过程与方法：

1.在探索数量关系的过程中，体验用字母表示数的简明性，培养学生用含有字母的式子表示数量的思想方法。

2.经历字母表示数的过程，体验用字母表示数的简明性，发展符号意识。

3.培养学生的数学意识，渗透归纳、猜想、数形结合等数学思想方法。

情感、态度与价值观：

使学生感受数学与现实生活的联系，培养学生的数学应用意识，体验数学的价值，并根据所学内容适时进行感恩教育、勤奋教育。

教学过程

学生课前制作关于"数的认识"的思维导图,制作成美篇,课前欣赏。

一、欣赏导图,反馈预学,揭示课题

1.思维导图的展示与反馈

师:孩子们,你已经认识哪些数呢?

众生:整数、分数、小数……

课前同学们已经制作了关于"数的认识"的思维导图,我发现在导图中出现频率最高的是它——"省略号"。

2.探究字母表示任意数

师:请看大屏幕,说说为什么要用到"省略号"呢?

生1:说不完。

师:说不完的数还可以怎么表示呢?

生2:用字母。

师:像这样说不完,不确定是几,没法用数来表示时,我们曾经用符号来表示,今天同学们还想到了用字母表示,太棒了!回顾以前的学习,哪里还用到过符号或字母表示数呢?

生3:学运算律的时候用到字母。

师:在运算律的表示过程中,字母可以表示什么数?

生3:可以表示未知数、任意数。

师:今天,我们继续学习用字母表示数,看看你今天会有什么新的收获。

(板书:字母表示数)

二、完成任务单,突破重难点,当堂小测试

1.探究用含有字母的式子表示运算及结果

师:青蛙是人类的好朋友,最近淘气给青蛙编了一首儿歌,一起来看看。

生齐读:1只青蛙4条腿,2只青蛙8条腿,3只青蛙12条腿……

师:看淘气编的儿歌,你能继续往下编吗?

生1:能。1只青蛙1张嘴,2只眼睛4条腿;2只青蛙2张嘴,4只眼睛8条腿;3只青蛙3张嘴,6只眼睛12条腿……

师：能编得完吗？怎么办？（完成任务单）

生2：永远说不完。

师：看来简单的儿歌难不倒你们，我们来挑战更难的儿歌吧！

师：谁有本领将复杂的问题变简单，用一句话表示出这首儿歌？同桌讨论，说说你们的想法。

（学生上台展示）

师：他这样填，你同意吗？说说你的理由。读读编好的儿歌，说说用字母表示出这首儿歌有什么好处呢？

2.快速完成几题的简写方式

师：除了用字母a，你还能用其他字母吗？

生1：26个字母都可以。

师：x只青蛙$4×x$只腿，你觉得怎么样？

生2：字母x与乘号很接近，容易混淆。

师：字母x与乘号很接近，乘号可以用点来代替，甚至可以省略不写，但数字需要写在字母的前面。

（1）在含有字母的式子里，数和字母中间的乘号可以记作"·"，也可省略不写。如x个2或$2×x$都可以记作$2·x$或$2x$。省略乘号的时候，一般要把数字写在字母的前面。

（2）1与任何字母相乘时，1可以省略不写。如$1×b$或$b×1$都记作b。

（3）字母和字母相乘中间的乘号也可记作小圆点或省略不写。2个相同字母相乘，可以写成平方的形式。$a×b$可以记作$a·b$，也可以记作ab。

这几种简写方式，你们理解了吗？

（发送链接，学生用平板电脑答题，完成线上作业。依据平台给出的数据进行讲评）

三、联系生活，加强认知，深度探究

1.说一说生活中什么时候还用到字母表示数

师：字母不仅在儿歌中运用，在我们的生活中也随处可见。

生：扑克牌A、J、Q、K等生活情境。

2.用含有字母的式子还表示数量及关系

师：其实在生活中年龄就和字母有关。请看大屏幕。

(1) 小江的年龄未知，怎么表示呢？

生：用字母 x。

(2) 这里的 x 能代表多少数？x 可以表示任意数吗？能代表 300 吗？

生：不可以，表示任意数。

师：字母所表示的数要符合生活实际，有一定的取值范围。（板书：范围）

(3) 下面大家一起来认识我。（出示教师个人头像）

师：给个字母表示我的年龄。

生1：用 y 表示。

师：为什么不用 x？

生1：同一个问题中不同量要用不同字母。

师：现在我告诉你"我比小江大 27 岁"，你能表示出我的年龄吗？

生2：用 $x+27$ 表示。

师：对比用"$x+27$"与"y"哪个更适合表示我的年龄？

生2：用 $x+27$ 表示更合适，因为它可以表示两个人相差 27 岁。

师：用含有字母的式子可以表示数量及关系。

师：如果用 x 来表示我的年龄，你能表示出小江的年龄吗？

生3：依据关系直接用含有字母的式子表示数量。

(4) 用 $x+2$ 表示神秘人物的年龄，猜猜他是谁？

师：从他的年龄中，你发现了什么？

生4：神秘人物的年龄比老师大 2 岁。

生5：如果老师的年龄是 30，他是 32，则：

    31 33

    32 34

    …… ……

师：在这个过程中，谁一直在变化？谁不变？

生5：两人的年龄在变化，但他们永远相差2岁。

师：说得真好！年龄之间的关系永远不变。用字母表示数最大的优点就是：以万变应不变。（板书："以万变应不变"）

师：从这三个数量中，你们能知道神秘人物与小江的年龄又存在怎么样的关系吗？

生6：神秘人物与小江的年龄相差27+2=29（岁）。

四、创设情境，解决问题，延展课堂

（课件出示有关用字母表示数量及关系的课堂游戏活动）

师：奖励你们两张去飞船运动会的门票，班级优化大师随机邀请两名同学上台参与游戏，其他同学拿出平板参与活动。

师：小江邀请同学们一起去游乐园玩。

他打算先玩了激流勇进，从入口出发需要走（　　）米。接下来他又玩了海盗船，这次又走了（　　）米。

碰碰车每人每次 c 元，海盗船每人每次 d 元，激流勇进每人每次 e 元。

师：根据以上信息，你能提出哪些数学问题？

生1：5人玩碰碰车多少钱？

生2：一家三口玩激流勇进需多少钱？

……

师：同学们，这节课你有什么收获呢？

（布置作业：写一篇数学日记，屏幕出示范例）

今天，是我最快乐的一天！早上我和同学们一起乘车前往游乐园。车上有男同学 b 人，女同学 c 人，一共有 $b+c$ 人。游乐园可真漂亮！门口摆着五颜六色的花，其中红花最多，有50盆，黄花有 n 盆，红花比黄花多 $50-n$ 盆。游乐园成人门票每张 s 元，儿童门票的价钱是成人门票的一半。买一张儿童门票需要 $s \div 2$ 元。我班有2位老师参加，门票费 $2s$ 元；有30位同学参加，门票费 $15s$ 元，一共花了 $17s$ 元。

板书设计

字母表示数

字母→任意数（范围）

字母式→数、数量关系

以万变应不变

教学评析

本课是在学生已经学习了整数加、减、乘、除四则运算以及常见的数量关系的基础上进行的，由具体的数量过渡到用字母表示数，使学生初步感知用字母表示数的可变性和广泛性，是认识上的一次飞跃，对他们来说是很抽象的，显得较枯燥。特别是用含有字母的式子表示数量关系，对小学生来说比较抽象。创设编青蛙儿歌的情境，联系生活中用字母来表示年龄的具体问题，提高了学生解决问题的能力，培养了学生自主学习的能力和对数学学习的兴趣。

本课有以下几处亮点：

一、思维导图的制作，美篇的欣赏，提高了学生的学习力

学生把所认识的数进行分类、整理、归纳，绘制出思维导图。教师收集作品，制作出美篇，便于课前欣赏，在激发学生兴趣的同时提高学生的学习力。

二、运用希沃白板的多种功能，反馈情况，精熟学习

运用笔、橡皮、蒙层、放大镜等工具，让学生怀着好奇心，探索编儿歌的过程，体会用字母表示数的简洁美。

穿插使用希沃白板的传屏功能，展示学生的学习任务单，汇报想法，共建师生共同体，突破重难点教学。在解决问题中，提升学生的分析能力、提出问题的能力，关注学生的表达能力。语言是思维的外壳，思维是语言的内核，学生站在讲台前把思路清晰有条理地表述出来，不仅引起其他同学倾听的兴趣（一改老师一言堂），还能引发思考，提高学生的思辨能力。

运用希沃白板的作业本功能布置作业，学生登入答题夺冠，获得喜悦感和成就感。同时，基于移动终端数据，可充分了解学生对知识理解的状况，展现思维过程，使教学更有针对性，并在此基础上对错误进行引导

和及时修正，以期达到人人精熟学习的效果。

运用希沃白板的课堂活动，两人一小组对抗，激发学生学习兴趣，让学生在游戏中学习，同时可以反馈学生掌握情况。这个过程，关注体验，培养了学生的能力。

创设贴近生活的问题情境，环环相扣，让孩子们身临其境，代入角色解决问题，获得成功的快乐，从而提高学习数学的兴趣。

用平板学习、练习时，同学间、师生间进行讨论，降低了学习难度。多媒体呈现学生作品，让学生有成就感，注意力高度集中，达到学习的高效性。

三、班级优化大师及时点评，提高学生注意力，便于家校联系

利用平台的及时评价功能，提高学生注意力，利于学生相互促进。

利用平台的随机抽取功能，提高学生专注力，利于及时了解情况。

利于平台的班级报表功能，轻松管理班级，便于家校联系。

四、拓宽传统课堂的作业渠道，整合资源，线上展示

推送相关资料（数学日记），学生乐于学习，主动分享交流。

学生把作业展示在班级优化大师平台上，可以生生互评，提高学生的关注度。让会的学生讲解，让差的学生再听一次，达到教学相长，共同提高的目的。

本课也有不足。对于用字母表示数，需要联系生活实际情况，有一定的取值范围，这样复杂的生活问题，有几位学生似懂非懂，还应让多几位学生进行复述，多种方法呈现用字母表示数的实际情况，呈现字母的取值范围会随实际情况的变化而变化，从而提高精熟学习的水平。

课例四：分数混合运算练习

教学内容

北师大版六年级上册"分数混合运算练习"。

教学思考

本节课内容是北师大版六年级上册"分数混合运算"，它是小学阶段数学教学中的重点之一，也是难点之一，是学生在五年级上册学习了

分数加减法，五年级下册学习了分数乘除法，六年级上册学了分数混合运算的基础上，设计的一节练习课，旨在让学生理清分数四则运算之间的联系与区别，熟练掌握混合运算的顺序，提高解决分数问题的能力。

分数意义比较抽象，标准量与比较量这两个量，学生往往分不清楚，当多个数量关系出现时，学生容易弄混淆，因此分数混合运算问题，不少学生虽然已有基础，但依旧难以理解，只能机械记忆一些解题技巧，辨不清道理。从心理学角度看，学生对练习课缺乏新鲜感与好奇心。

于是，本课借助信息技术赋能课堂：

基于移动终端数据，借助问卷星软件提供数据，充分了解学生对知识理解的现状，展现思维过程，使教学更有针对性。

借助移动终端让学生课前欣赏分数混合运算思维导图集锦美篇，相互借鉴，加深对知识的理解，同时增添审美情趣。

创设生动有趣的唐僧师徒取经途中遇到的分数问题情境，有层次地引导学生理解分数混合运算问题的联系与区别，同时注重学生的体验。在解决问题中，提升学生的分析能力、提出问题的能力，关注学生的讲解表达能力，让学生站在讲台前把思路用通顺的语言，有条理地表述给其他同学听，不仅引起其他同学倾听的兴趣，还提高学生自身对问题的深度理解。课中用八戒、悟空、唐僧的语言引起学生对问题思考的兴趣，感受名著中人物的性格，培养学生对数学学习的热爱。

教学目标

知识目标：熟练掌握解决一个数的几分之几（比一个数多几分之几或少几分之几）是多少的分数问题的解题方法和四则混合运算的顺序，培养运算能力。

技能目标：会用直观图呈现数量关系，分析和解决分数问题，培养解决问题的能力。

情感目标：在问题探索过程中，培养面对挑战、克服困难的学习精神，养成严谨求实的科学态度。

教学重难点

重点：分数问题中的数量关系，提高解决问题的能力。

难点：

1.画出图中的数量关系，写出等式。

2.熟练进行分数混合运算，能巧妙选用简便运算定律进行简便运算。

教学实录

一、导图引学

学生自制分数混合运算思维导图并上传到班级网页中，由教师把学生上传的作品制作成美篇，课前欣赏。

（设计意图：学生自制分数混合运算思维导图，建立知识系统，通过再思考提出困惑，老师把学生上传的导图做成美篇，大家相互借鉴，加深对知识的理解，增添审美情趣。教师依据导图进行有针对性教学，课堂上对学生的困惑进行剖析，使教学有针对性和实效性）

二、反馈议学

师：同学们看过动画片吗？

生：看过。

师：知道这四位是哪部小说的主要人物吗？

生：《西游记》。

师：是的，在作者吴承恩的描绘下四位主人公性格迥异，因此受到不同人的喜爱，到底哪位人物最受欢迎呢？请看课前我们班同学对《西游记》中最受欢迎的人物抽样调查结果。（出示结果如图3-2-3）

第一组：喜欢唐僧的人数占第一组参与调查活动人数的三分之一
第二组：喜欢悟空的人数比第二组参与调查活动人数少七分之三
第三组：喜欢八戒的人数比第三组参与调查活动人数少二分之一
第四组：喜欢沙僧的人数比第四组参与调查活动人数少五分之二

图3-2-3

师：看到这个结果（点击屏幕，八戒笑了："这四个分数中，二分之一最大，原来喜欢我的人最多。"）你们同意他的想法吗？

生：不同意。

师：为什么呢？

生：因为不知道每一小组的总人数，所以不能单独比较分数的大小。

（设计意图：以《西游记》中的主要人物导入，旨在吸引学生的兴趣，初步感受名著人物的特点，激发进一步探究的欲望）

三、合作研学

1.理解分数的意义

师：是的，我们知道不带单位的分数表示的是两个量（比较量与标准量）之间的比较关系。

师：第一行中的比较量是——

生：喜欢唐僧的人数。

师：标准量是——

生：第一小组的总人数。

师：分数所表示的具体数量，取决于标准量也就是整体"1"的大小。

2.找准整体"1"

师：找准整体"1"是解决分数问题的第一步。课前同学们作的导图中有几位同学提出：如何准确而快速地找到整体"1"？这个问题谁帮忙解答？

生1：整体"1"在分率前面，"是、比、占、相当于"等词的后面。

师：这四句话中的整体"1"分别是什么？

生1：第一句话的整体"1"是第一小组人数。

师：谁知道第二句话中的整体"1"。

生2：第二句话的整体"1"是第二小组参与调查活动人数。

师：继续。

生2：第三句话的整体"1"是第三小组参与调查活动人数。

生2：第四句话的整体"1"是第四小组参与调查活动人数。

师：我们先来找出下面这些题中整体"1"的量，同桌合作。

（1）《新概念》第二天成交量比第一天增加了 $\frac{1}{5}$。

（2）甲数的 $\frac{1}{2}$ 是乙数。

（3）越野赛跑中，环山路段占 $\frac{1}{3}$。

（4）一件商品降价 $\frac{1}{5}$。

（5）实际超额完成 $\frac{2}{9}$。

图3-2-4

师：就图3-2-4的内容，我们从后台数据统计中可看出：第（1）

小题准确率为100%，第（2）题有5位同学错误。我们一起进入这5位同学的答卷。知道他们选错的原因是什么吗？

生3：他们只看到"是"字后面，所以错选乙数为整体"1"的量。

师：在找整体"1"的量上你有好方法吗？

生3：以分率为准，离分率近的是整体"1"的量。

师：这是个好方法。

师：回到刚才的调查表，找准"整体1"就能知道人数吗？

生3：不行，还需知道"整体1"的具体数量或喜欢每个人的人数。

（呈现之前课堂调查详情表如下）

《西游记》中最受欢迎人物调查表

	喜欢的人数占每组参与活动总人数的分率	每组参与调查活动总人数	喜欢人数
唐僧	喜欢的人数占第一组参与调查活动总人数的$\frac{1}{2}$	12人	喜欢唐僧有（　　）人
悟空	喜欢的人数比第二组参与调查活动总人数少$\frac{3}{7}$		喜欢悟空有6人
八戒	喜欢的人数比第三组参与调查活动总人数少$\frac{1}{2}$		喜欢八戒有2人
沙僧	喜欢的人数比第四组参与调查活动总人数少$\frac{2}{5}$	15人	喜欢沙僧有（　　）人

师：现在看第一行信息，要求出喜欢唐僧的人数，首先要做什么？接着做什么？最后做什么？

生4：先找整体"1"，接着画线段图，然后写等量关系，列出算式，最后要检验。

师：掌声送给他，说得真好。根据他说的五步，我们一起来看看过程。（多媒体屏幕出示过程）

4. 练习

（学生用五步解决表格中剩下3个问题。每组解决一个问题，同桌合作）

5. 反馈评议

（学生拍照上传解题过程图片。图略）

6.对比辨析

师：看表中有四道式子，其中两道乘法式子，两道除法式子，课前预习时，导图中有人提出来：什么情况下列乘法式子？什么情况下列除法式子？什么时候又用方程解呢？

生1：解决分数乘除法问题关键在确定以哪个量为整体"1"，根据分数乘法的意义，表示一个数的几分之几是多少。当整体"1"的量知道，也就是一个数已知，那么就用这个数为乘法分率。

生2：当整体"1"的量不知道，也就是一个数未知，就把积除以分率。

师：同学们归纳得很好，刚才我们运用分数乘除法知识算出了具体人数，由此可看出喜欢谁的人数最多。

（屏幕中悟空道："八戒学而不精，出笑话了吧！"）

（设计意图：师生合作解出第一个信息，唤醒分数问题五步骤思考程序、规范的画图格式及规范书写与数学描述用语，让学生再独立解答四个信息，这样有据可依，有样可学，进而大胆表述自己的所得，加深对分数问题的理解，让学生养成解决分数问题的好习惯）

四、点拨助学

1.情景引导

（屏幕中悟空说："聪明的同学们请到我花果山一游。"）

师：（简介花果山）说话间两小猴已摘了两篮桃子，八戒兴奋地问道："小猴，这里有多少个桃啊？我们好分着吃。"悟空眼睛转了转说道："八戒，不急，这两篮桃子的关系如图3-2-5。"聪明的同学们，你能从图中得到哪些信息呢？

图3-2-5

生：第二篮桃子个数是第一篮的$\frac{2}{3}$。

（设计意图：加深理解$\frac{2}{3}$、$\frac{3}{2}$等表示谁是谁的几分之几，把整体"1"平均分成几份，另一个量相当于它的几份）

2.形成数学问题

师：如果加上"第一篮有12个桃子"这个条件，你能提出哪些分数问题？（多媒体出示相应内容）

3.选择正确列式

师：老师从中组成6道分数问题，打开问卷星，这6个式子分别是哪道题的正确列式呢？请选择。

第一篮：
第二篮：

第一篮有12个桃子。

（1）第二篮桃子个数是第一篮的$\frac{2}{3}$，第二篮有几个桃子？

（2）第一篮桃子个数是第二篮的$\frac{3}{2}$，第二篮有几个桃子？

（3）第二篮桃子个数比第一篮少$\frac{1}{3}$，第二篮比第一篮少几个桃子？

（4）第一篮桃子个数比第二篮多$\frac{1}{2}$，第二篮比第一篮少几个桃子？

（5）第一篮桃子个数是两篮桃子总个数的$\frac{3}{5}$，两篮共有几个桃子？

（6）第二篮桃子个数是两篮桃子总个数的$\frac{2}{5}$，两篮共有几个桃子？

图3-2-6

4.复习运算顺序

师：这些式子都是分数混合运算，有同学在思维导图中提出：怎样正确进行分数混合运算呢？谁来说说这道题先算什么，再算什么？谁能总结出分数混合运算的顺序？

5.回忆简便运算

师：怎样才能快速计算呢？

生：运用简便运算定律，能让计算简便。

师：计算分数混合运算的顺序与整数混合运算的顺序一样。整数运算定律也适用于分数计算。请运用简便运算定律完成这几道题（题略）。

（设计意图：通过两条线段表示两个量，让学生寻找它们之间的数量关系，对学生进行发散思维能力的培养。由形到数的思考进一步加深学生对分数问题的理解，让学生根据条件提出问题，可培养学生提出问题的能力，激发学生形成善观察、爱思考、勤提问的好品质）

五、延伸拓展

1. 唐僧分桃

师：同学们都做得很好，一起来看师父是怎样分桃的。唐僧说："这里共有20个桃，八戒你先拿四分之一，悟空拿剩下的三分之一，你们分完后剩下的一半给沙僧，余下的归我。"猪八戒不高兴了，认为四分之一这个分数最小，得到的桃少。

师：谁来说说师父分得公平吗？

生：公平。因为八戒得到的是20个的四分之一，列式是 $20 \times \frac{1}{4} = 5$（个）。悟空得到的是剩下15个的三分之一，也是5个。沙僧得到的是10个的一半，也是5个。最后剩5个。每人都得5个，是公平的。

师：个数一样，很公平。师父语重心长地对八戒说："要认真学习！不要总出错。"接着四人又继续前行来到都来寺，看到庙门前写着一首诗。

2. 都来寺内几多僧

> 巍巍古寺在山中，不知寺内几多僧。
> 三百六十四只碗，恰好用尽不差争。
> 三人共食一碗饭，四人共进一碗羹。
> 请问先生能算者，算来寺内几多僧？

图3-2-7

师：同桌合作解答，并上传解题过程图片发在微信群中。

师：请这位同学来说一说他是怎么想的。

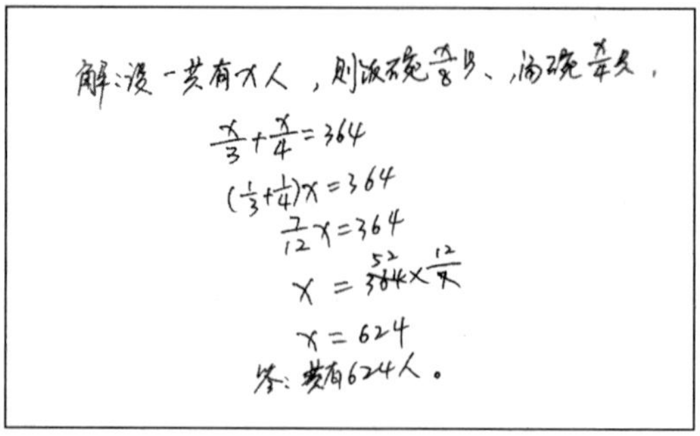

图3-2-8

生1：（解说略）

师：聪明的孩子，抓住了题中的相等关系，列出方程解出了这个古代趣题。再看这个组的作品——

$$364 \div (\frac{1}{3} + \frac{1}{4})$$
$$= 364 \times \frac{12}{7}$$
$$= 624 (人)$$

图 3-2-9

师：这组同学巧妙地运用今天复习的分数知识解决了这个难题，太棒了。再看下一幅作品——

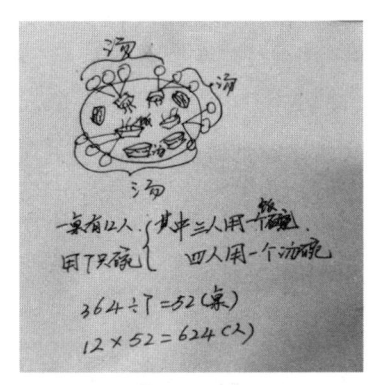

图 3-2-10

师：这组同学用数形结合的方法，不仅解决了问题，而且生动形象，也是一种非常好的方法。

3. 全课总结

师：这节你们有什么收获？把你的收获写在在线流程图中。

师：看到大家有这么多的收获，老师很高兴。相信在今后的学习中，大家会更加认真努力，学有所得。

作业：完成书中练习二 3、5、7 题。

板书设计

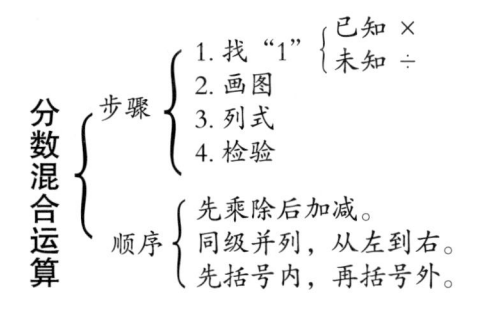

分数混合运算
- 步骤
  1. 找"1" ｛已知 × 未知 ÷
  2. 画图
  3. 列式
  4. 检验
- 顺序
  - 先乘除后加减。
  - 同级并列，从左到右。
  - 先括号内，再括号外。

教学评析

本课结合希沃白板、问卷星以及移动终端,让学生置于生动有趣的唐僧师徒取经途中遇到分数问题的情境中,进一步理解分数混合运算问题的联系与区别。

课前借助移动终端让学生欣赏分数混合运算思维导图集锦美篇,相互借鉴,加深对知识的理解,增添审美情趣。课中借助问卷星软件读取数据,了解学生对知识理解的现状,展现思维过程,使教学更有针对性。课中教师用八戒、悟空、唐僧的语言引起学生对问题思考的兴趣,感受名著中人物的性格,培养了学生对数学和中国古典文学学习的兴趣。最后使用在线流程图让学生现场制作知识与方法导图,对本课所学知识进行梳理。

整堂课充分运用信息技术,通过视频、图片等手段将"分数混合运算"的教学内容化抽象为具体、化复杂为简明,让学生在对话、辨析中进一步理解本单元内容,很有创意。

课例五:图形的运动总复习

教学内容
北版大版六年级下册"图形的运动"。

教学思考
一、教什么

"图形的运动"是六年级下册总复习的内容,主要是复习图形的平移、旋转,图形的放大、缩小以及轴对称图形的相关知识,是在已经复习了"图形的认识和测量"的基础上进行教学的,同时为复习"图形与位置"做好准备。

六年级下学期总复习阶段,学生已经完整经历了小学六年的数学学习,对各个领域的主要知识、技能、方法、思想都有了很好地掌握。对于图形的运动,学生已经在不同年段分别研究了图形的平移、旋转、轴对称、放大与缩小等内容,对于研究方法、运动特征等都有了较好的掌握;学生已经具备了自主探究思考点、线等图形运动的特点,讨论归纳概括图形运动的相同与不同以及图形运动带来的图形变化的能力。这些，为本节课的探讨奠定了基础。

但是这些知识原本都是比较零散的，一节有效的复习课需要把这些零散的、碎片的知识以整体结构的形式集中再现，因此，我对教材进行了大胆整合，以"三角形的某个顶点通过某种运动后，到达指定的位置，你认为它是怎么运动的？"这个核心问题驱动学生思考，来复习平移、旋转、轴对称、放大与缩小等相关知识，同时通过对比勾连图形不同运动方式之间的联系，以此教给学生有效的复习方法。

二、学什么

学习就是师生共同经历的一段智慧之旅，旅程的终点不是让学生获得一堆零散、呆板、无用的知识，而是让他们能够充分、灵活地运用这些知识，去理解世界，解决问题，学以致用。

基于此，本堂课我从三个维度让学生经历知识的运用过程。其一，运用图形运动的知识去解决阴影部分面积的问题，体会学以致用的乐趣。其二，让学生欣赏生活中图形运动的案例，并动手设计美丽的图案，把本课所复习的知识有机地融入生动有趣的设计图案当中。这样不仅调动了学生学习的积极性，更让学生经历了数学知识的应用过程，一方面加深对图形运动知识的认识，另一方面进一步体会图形的运动在生活中的广泛应用，体会数学与生活的联系。其三，以动图的方式呈现陀螺的运动轨迹及自然界中的湍流现象，让学生领会数学的神奇与玄妙，激发学生进一步探究的欲望。

教学目标

1.进一步体会图形的平移与旋转、放大与缩小，加深对轴对称图形的认识，发展学生的空间观念。

2.经历图形运动方式的整理和操作实践等活动，运用图形运动知识解决数学问题。

3.在整理复习的过程中，产生对图形运动变换的好奇心和兴趣，体验画图、设计及获取知识的乐趣，加大数学学习的兴趣，增强学好数学的自信心。

教学过程

一、交流引入，揭示课题

师：同学们，在小学阶段，我们学过图形运动的方式有哪些呢？

生：有平移、旋转、轴对称、放大与缩小。

师：下面，让我们一起张开想象的翅膀，走进图形运动的世界。（呈现课题）

（设计意图：教学开始，开门见山，直奔主题，初步唤醒学生对图形运动知识的回忆）

二、回顾旧知，沟通联系

1.尝试画图，唤醒经验

师：请看，有这样一个三角形 ABC，假如这个点是三角形 ABC 运动后，其中的一个顶点到达的位置，它可能是通过什么运动得到的呢？请动手试一试吧。

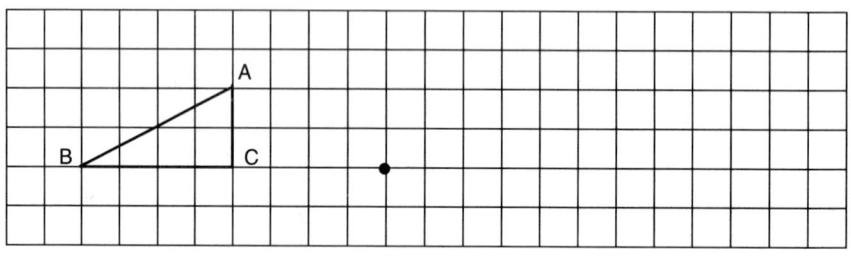

图3-2-11

师：都完成了吗？让我们一起来听听这位同学的做法——

生1：我是把这个三角形向右平移4格，此时 C 点就到达了这个位置。也可以把三角形向右平移8格，这样 B 点就到达这个位置了。

生2：我发现前一位同学是把三角形 ABC 作了平移运动，由于它们平移的距离不同，图形到达的位置也有所不同。

师：那么，在做图形的平移运动时，要注意什么呢？

生3：图形在做平移运动时，要找准对应点，数清格子数。

师：是的，所以我们在描述平移运动时一定要说清楚往哪个方向平移了几格，也就是说清平移的方向和距离。

师：说完平移，我们来说对称轴。请大家回忆一下，轴对称的特点是什么？

生4：对称点到对称轴的距离相等，连线到对称轴垂直。把三角形 ABC 按轴对称翻转，B 点就到了点的位置。

师：好的。让我们继续来分享缩放。

生5：我运用的是图形的放大，我把三角形按2∶1放大，C 点就到达了点这个位置。

师：同学们，三角形在放大时，底放大几倍，高也要放大相同的倍数。缩小也一样，图形在放大或缩小时，对应线段的长度要同时乘或除以一个相同的不为0的数。

师：还有其他的方法吗？我们来看看下面这位同学的做法——

生6：我运用的是图形的旋转，我把这个三角形绕C点顺时针旋转180度。我还发现，把三角形绕C点逆时针旋转180度到达的位置是一样的。

师：同学们，我们在描述旋转的时候要注意说清楚：图形绕哪个点，往哪个方向旋转了多少度，也就是要说清楚旋转中心、旋转方向和旋转角度，三者缺一不可。

2.勾连关系，深化认识

师：同学们通过不同的运动方式，都让三角形其中的一个顶点到达指定的位置。看来，解决问题的方法是多样的。你可能还有其他的方法，课后再想想。有困难的同学也可以把这个三角形画出来，再剪下来，通过动手操作、演示等方法来帮助理解图形运动的过程。

师：现在请大家回顾一下，这四种图形运动的方式有什么相同点？又有哪些不同点呢？

生1：相同点是这些图形的运动都不改变图形的形状。

生2：我发现，图形的放大与缩小形状不变，但大小变了；而平移、旋转、轴对称不改变图形的形状与大小，只是图形的位置改变了。

师：你们很善于观察，也善于思考和归纳，为你们点赞！

三、应用提升，欣赏设计

师：运动不仅可以产生新的图形，还可以用来解决一些看起来比较复杂的问题。来动手试一试吧。

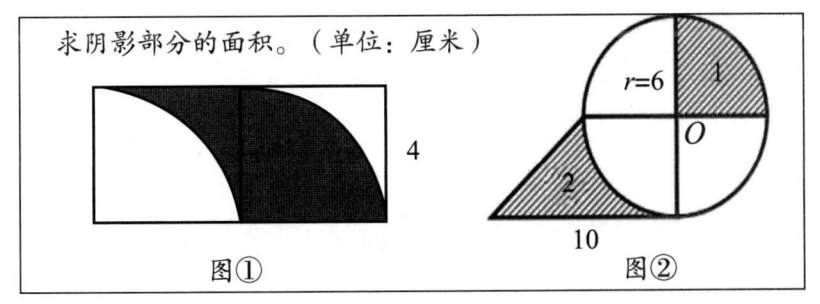

图3-2-12

生1：我把图①阴影部分向左平移，发现阴影部分的面积就是这个小正方形的面积，小正方形的边长是4，那么阴影部分的面积就是4×4=16（平方厘米）。

师：你们的想法和他一样吗？图②的面积，你们又是怎么解决的呢？我们一起听听这位同学的思考——

生2：这个图形我是把图②中圈内的阴影部分绕点O时针旋转180度，这样阴影部分的面积就转化成了求梯形的面积。

师：还有不同的方法吗？

生3：这个图形还可以运用图形的轴对称方法，你们看，以这条直线为对称轴（图略），也可以拼成一个梯形。

师：这两个同学运用了不同的运动方式，得出一样的答案。看来，解决同一个问题，我们可以尝试从不同的角度思考，这样我们的思维能得到更好的开发。

师：看来，图形的运动可以帮助我们解决图形的周长与面积等方面的问题。在生活中，我们可以利用图形的运动绘制美丽的图案。看，这是淘气家枕席的一部分图案（图略），请你用数学的眼光来观察，它与图形的运动有什么联系呢？

生4：我发现这个图案是以一个小长方形为基本图形，经过旋转、平移等多种运动方式创造出来的。

师：同学们利用图形的运动也创造出了很多美丽的图案，我们一起欣赏一下吧。

师：这位同学以三角形为基本图形，通过平移、旋转、放大以及轴对称，最终创作出了这样一幅作品（图略），好漂亮呀！

师：下面这些同学的作品又都运用了哪些图形运动的方式呢？（图略）让我们边欣赏边思考吧！

四、总结归纳，提炼升华

师：有人说"数学是上帝用来书写宇宙的文字"，图形的运动还藏着不少的数学奥秘。请看——

图3-2-13：决定陀螺自身旋转方向与行动轨迹的是左右旋。右旋指陀螺自身旋转方向是顺时针，行动轨迹是逆时针。左旋指陀螺自身旋转方向是逆时针，行动轨迹是顺时针。旋转就是一种平衡。

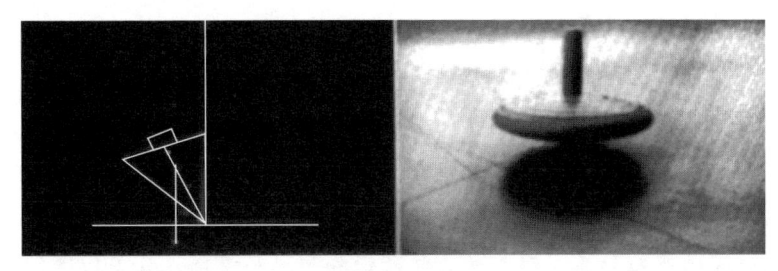

图3-2-13

图3-2-14：湍流是一种自然存在的现象，只要有空气就会有湍流发生。飘动的不仅是云层，还有纳维—斯托克斯方程。

图3-2-14

（设计意图：以动图的方式呈现陀螺的运动轨迹及自然界中的湍流现象，让学生领会数学的神奇与玄妙，激发学生进一步探索的欲望）

师：欣赏了以上大自然为我们打开的美图，你对图形的运动是否又有了新的思考？通过本节课的复习，你对图形的运动又有了哪些新的认识呢？用数学的视角去思考、去观察吧，期待大家有更多的发现！

（设计意图：这一环节引导学生结合本节课的探究讨论成果，回顾复习的全过程，完善认知结构）

板书设计

图形总复习

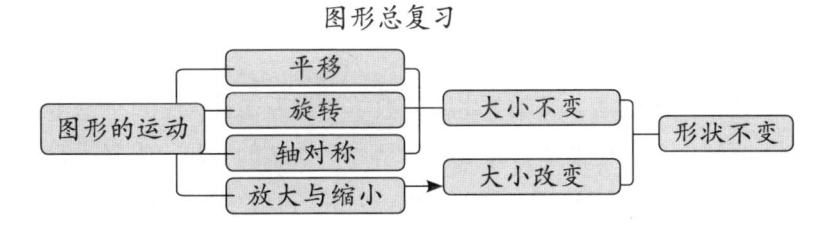

图形的运动 —— 平移 / 旋转 / 轴对称 → 大小不变 → 形状不变
　　　　　　—— 放大与缩小 → 大小改变

------ **教学评析** ------

新课标指出："课程内容组织，重点是对内容进行结构化整合，探

索发展学生核心素养的路径。"

一、理清脉络，构建体系

本节课通过"回忆—构建网络—实际应用"，学生动脑、动口、动手、动耳、动眼，在自主探索中合作交流，把散落在学生脑海里的零散知识，串珠成线，让知识在学生的脑海中"活"了起来。呈现给学生的是知识间的逻辑关系，引领学生将所学知识融会贯通，从而理清知识脉络，构建知识体系。

二、理解本质，回归生活

基于核心素养的整体性特征，对于六年级总复习课，在练习设计上需对课程内容进行结构化整合，问题要精准，目标要明确，习题要恰当，所以我设计这样两方面的练习：利用图形运动解决求阴影部分面积，利用图形的运动设计美丽的图案。最后，回归生活中的运动现象，引发学生思考。

从图形的运动，而后回归生活，感受图形的运动在生活中的应用，学生既有深入思考，又有实际操作，在动脑和动手中掌握了运动的要素，理解了运动的特征，明确了运动的本质。

三、创意编程，学科融合

在演示平移与旋转中，运用软件让学生通过在平板上操作，既使图形的运动变得更加直观、有趣，又打破了学科的壁垒，体现了数学与信息技术的深度融合。

第三节　生活清泉滋润"思辨课堂"

数学源于生活，又用于生活，数学知识逻辑性强，可借助生活中的素材为学生理解作铺垫。课堂教学是一个动态的变化、发展过程，也是师生间、生生间交流、互动的过程，在这个过程中，会产生许多新信息，也需要教师独具慧眼，挖掘生活资源，合理利用，培养学生的数学素养。

数学是需要在理解基础上进行灵活运用的学科，如果用传统的死记硬背的方式学习，很难达到良好的教学效果。而我们日常生活中蕴含着丰富的数学知识，教师若能充分挖掘生活中的数学素材，加以有效引导，使学生在熟悉的情境中轻松学习，便能充分调动学生的学习兴趣，有效激发学生的探索欲和求知欲。同时，学生再把自身学习的知识，运用到实践生活中，充分体现学习数学的魅力与价值。这样一来，不但能调动学生学习的积极性，还能帮助学生更深入理解数学知识，提升数学素养。

以下，展示几个典型课例。

课例一：梯形的面积

教学内容

北师大版五年级上册"探索活动：梯形的面积"。

教学思考

第一，既然已学过平行四边形、三角形的面积推导，体会了转化思想，为什么还要继续深入学习梯形面积的推导过程，让学生感受转化思想的运用呢？

梯形面积的计算是多边形面积计算中的一部分，它是在学生已经认识了梯形的特征，并且学会平行四边形、三角形的面积计算的基础上进行教学的。学生在学习平行四边形、三角形的面积的过程中虽然已经历了公式的推导过程，充分体验转化这一数学思想在学习的应用，但梯形的面积计算的推导方法是对前面所学的几种图形面积计算公式推导方法的拓展和延伸，应在操作的基础上，引导学生自己总结公式，并应用梯形面积的计算公式解决实际问题。通过本课时的学习，学生能加深对图形特征以及各种图形之间的内在联系的认识，深入领会转化的数学思想，为今后学好几何图形打下坚实的基础。

第二，教学中直接让学生运用两个完全一样的梯形拼成一个平行四边形的方法推导出面积公式即可，有必要引导学生掌握多种方法求出梯形的面积吗？

学生思维方式不同，学习数学的兴趣、过程及结果也会存在着明显的差异，所使用的方法必然是多种多样的。教师尊重学生不同的想法，鼓励学生产生不同的想法，在具体的教学过程中，留下充足的时间和空间，鼓励学生独立思考，允许学生从不同的角度发现问题，并采用不同的方式分析问题、表达想法，用不同的方法解决问题。学生不同的思路、不同的解题方法恰恰体现了全新的教育理念，它是因材施教，充分展示学生的个性，尊重学生的人格，促进每一个学生充分发展的有效途径，是培养创新精神的最佳方式，不失为本课教学中的一个亮点。

教学目标

1.学生理解并掌握梯形的面积公式，能正确地应用公式进行计算。

2.通过动手操作，学生经历公式的推导过程，培养迁移类推能力和抽象概括能力；将转化策略的教学融入学生的"拼、剪、画、说"活动中，使学生领悟转化思想，感受事物之间是密切联系的，使学生能应用所学知识解决实际问题，发展学生的空间观念。

3.引导学生运用转化的思想探索知识的变化规律，培养学生分析问题和解决问题的能力；通过演示和操作，学生在拼剪中感受数学知识的内在美，培养团队合作意识，在解决问题的过程中感受数学和现实生活的密切联系，体会学数学、用数学的乐趣。

教学过程

一、创设情境，呈现问题

（课件演示：借秋天菊花盛开的美丽图片导入，呈现"梯形展示台能摆多少盆菊花？"这一现实问题）

师：要解决这个问题，你们觉得应该先考虑什么？

生1：我们要知道梯形展示台有多大。

生2：我们还要知道每盆菊花的占地面积。

师：梯形的面积你们会计算吗？

众生：不会，没学过。

师：这节课我们就一起来探究梯形面积的计算方法。

（揭示课题：梯形的面积）

二、分析问题，抓住关键

师：面对梯形的面积这样一个新的知识，你打算怎么办？

生：能不能像三角形一样把梯形转化成我们会求面积的图形呢？

师：谁来说说三角形面积公式是如何推导出来的？

（生回顾平行四边形和三角形面积的推导方法及过程，并结合课件

进行演示）

师：请你们每个人都想一想，你打算把梯形转化成什么图形？

（给学生几秒钟的时间思考，让学生明确：探究梯形面积计算方法的关键是要将梯形转化成已经学过的图形）

三、动手操作，解决问题

1. 明确任务，提出要求

师：同学们，要把梯形转化为我们学过图形的面积，我们可以怎么操作呢？

生1：可以像三角形一样，两个完全一样的梯形拼成一个平行四边形。

生2：可以把梯形沿着两条腰的中点剪开再拼成一个平行四边形。

生3：可以把梯形剪成两个三角形，再拼成一个平行四边形。

……

师：那就按照你们的想法，四人一组，根据要求进行操作吧！

操作要求：
（1）做一做：用剪、拼等方法将梯形转化成已学过的图形。
（2）想一想：转化后的图形与原来的梯形有什么关系？
（3）议一议：怎样推导梯形面积的计算公式？

图 3-3-1

2. 独立思考，动手操作

（以4人小组为单位，利用学具，动手进行操作）

3. 交流方法，讨论过程

师：请同学们在小组里议一议，你们是怎样推导梯形面积计算公式的？

（通过讨论交流后，学生得到一定的结论）

四、汇报交流，表述呈现

师：哪一小组的同学愿意上台分享自己小组的操作和推导过程？

生1：剪成两个三角形，上底×高÷2+下底×高÷2。

生2：用两个完全一样的梯形拼成一个平行四边形，（上底+下底）×高÷2。

生3：剪成一个平行四边形和三角形，上底×高+（下底-上底）×高÷2。

生4：将梯形平均分成两个小梯形，经旋转平移后拼成平行四边形，（上底＋下底）÷2×高。

生5：将梯形沿着两腰的中点对折，然后再用剪刀沿折痕剪开，经旋转平移后拼成平行四边形，（上底＋下底）×高÷2。（此方法结合教材第96页进行讲解）

师：这几种都是通过分割、移补，改变图形的形状，但面积保持不变，都符合古代数学家提出的"出入相补"原理。

[让学生对梯形面积各种计算方法进行比较，产生概括计算公式的需要。得出：梯形的面积＝（上底＋下底）×高÷2]

五、巩固应用，深化理解

师：通过大家的动手操作和观察比较，已经推导出梯形的面积公式，下面我们就运用我们所学的知识来解决一些生活上的问题：

（1）我国三峡水电站大坝的横截面的一部分是梯形（图略），上底长36米，下底长120米，高135米，求它的面积。

生1：（36+120）×135÷2=10530（平方米）。

（2）梯形展示台的上底长2米，下底长9米，高4米，如果每平方米摆4盆，一共需要多少盆菊花？

生2：（2+9）×4÷2×4=88（盆）。

（3）公园的另一角靠着围墙还有一个这样的花坛，（课件出示，图略）栅栏总长30米，你能求出花坛占地多少平方米吗？

生3：（30-4）×4÷2＝52（平方米）。

（4）画一个与已知三角形面积相等的梯形。

生4：首先求出三角形面积，然后确定梯形的上下底之和与高，最后再画图。

六、回顾总结，反思评价

师：本课是如何解决问题、达到教学目标的？

生：把梯形转化成我们学过的图形面积进行计算。

师：在解决问题的过程中最有用的方法和最重要的经验是什么？

生：解决问题的过程中最有效的方法就是转化的方法，我们可以根据学过的知识来解决新的问题。

师：如果方向不对、方法不妥可能出现什么问题？

生：如果解决问题的方法不对，那么我们就没办法解决问题了。

教学评析

本节课的教学内容，是在学生学习了平行四边形、三角形面积计算方法的基础上进行教学的，教学过程中通过"让学生动手操作—小组合作探究—展示、交流—引导学生自己总结公式—应用梯形面积的计算公式解决实际问题—构建知识体系"来完成教学目标。梯形的面积计算的推导方法是对前面所学的几种图形面积计算公式推导方法的拓展和延伸。通过本课时的学习，学生能加深对图形特征以及各种图形之间的内在联系的认识，领会转化的数学思想，为今后学好几何图形打下坚实的基础。教学过程凸显以下几个特征：

一、以问题引领和调控课堂教学为主线

解决问题不是单纯的解数学题，而是包括提出数学问题、建立数学模型、寻找解决问题的策略、制定解决问题的计划、实施解决方案、反思评价等。在本节课教学中，首先设计了摆菊花的生活性、导向性的问题，接着是思辨性问题"面对梯形的面积这样一个新的知识，你打算怎么办？"，紧挨着的是目标性问题"怎样计算梯形的面积呢？"，并以这个大问题统领全课，教师和学生围绕这个大问题进行交往互动，形成解决问题的方法，充分体现数学学习的过程就是解决问题的过程。

二、以策略实现方法与思想的和谐统一

本节课教学，学生解决问题的"瓶颈"应该是头脑中是否具有"把梯形转化成已学过的平面图形"的观念和"怎样转化"的策略。由于学生已经经历了平行四边形和三角形的面积计算公式的推导过程，他们完全有能力利用所学的方法对梯形的面积计算公式进行推导。因此，老师为每位学生都准备了一般梯形、直角梯形和等腰梯形：选择你们喜欢的梯形，先独立思考能把它转化成已学过的什么图形，再按照"转化—找联系—推导公共公式"的思路去研究。由于数学能力不同、思维方式不同，学生面对问题所使用的思考策略必然呈现多样化。在整个汇报展示过程中，教师把学生也当作教学资源，不但为他们提供一个展示不同方法和想法的平台，还通过实际操作、互动交流，启迪学生深思，引发争论，并碰撞出思维火花，让学生在合作交流中达到意义的理解和方法的掌握。

本节课的教学过程，充分践行了"了解问题—抓住关键—应用知识—表述呈现—反思评价"这五步教学模式，教学环节清晰，层次递进合理，让学生在学会知识的同时又有效提升了解决问题的能力。

课例二：体积与容积

教学内容

北师大版五年级下册"长方体（二）"。

教学思考

一、把握起点，关注学生的"学"

教材中对于物体体积和容积两个概念的描述是不一样的，体积是物体所占空间的大小，容积是容器所能容纳物体的体积。两个概念都很抽象，学生怎么理解如此抽象的概念呢？

其实，五年级的学生在日常生活中对"体积"有一定的直观认识，在生活中学生经常遇到物体占据空间的事例，只不过不会用体积这一数学语言来描述它，而是用"占位置"描述这一现象。那他们的真实起点在哪儿呢？我进行课前调研发现，学生对体积描述不清，与质量、面积容易混淆，在比较体积大小时容易受二维面积的干扰；对体积相近的物体难以比较，比较容积大小时，他们认为体积大的物体容积就大。

二、掌握本质，渗透量感的培养

张奠宙《从体积的定义说起》一文写道："小学数学的体积教学，不要在什么是体积上做文章，要在体积所具有的特征上下功夫，力求触及数学的本质，增进五年级学生对体积意义的理解。"体积与容积属于度量数学范畴，与长度、面积概念教学有相似之处，体积是对物体三维大小的度量，也是体积的本质属性，对学生的空间观念有一定的要求。

本节课还是一节关于量感的概念教学课。课标给出量感的内涵是：量感主要是指对事物的可测量属性及大小关系的直观感知。知道度量的意义，能够理解统一度量单位的必要性，会对真实的情境选择合适的度量单位进行度量，会在同一度量方法下进行不同单位的换算；初步感受度量工具和方法引起的误差，能合理得到或估计度量的结果。

那么，如何让学生深度理解体积的核心内涵呢？如何引导学生比较不同物体的体积大小，进一步理解体积与容积的联系与区别呢？本节课是一节关于量感的概念教学课，"量感"如何在我的课堂中生根发芽？

基于以上思考，我确定本课三个核心问题：什么是体积？怎样比较体积的大小？体积与容积有什么区别和联系？

教学目标

1. 通过实验、观察，学生感知和理解体积与容积的含义，感受物体体积、容积的大小，进一步发展量感和空间观念。

2. 在动手操作、探索、交流过程中，培养学生的观察能力、动手能力和思维能力。

3. 根据体积与容积的含义，解决生活中的数学问题；激发学生的学习兴趣，培养探究精神。

教学重难点

重点：理解体积和容积的意义，会比较物体的体积。

难点：理解体积与容积的联系与区别。

教学过程

一、整体感知空间

（新课伊始，我与学生一起做实验）

师：孩子们看，我把土豆放进烧杯里，还能往里面倒水吗？

生1：可以。

师：为什么？

生1：因为杯子里有空的地方。

师：是的，像这样杯子里有空的地方，我们就说杯子里有空间，请仔细观察，还能往里倒吗？（继续倒水）

生1：能，只不过杯子里剩余的空间越来越小了。

师：现在呢？

生1：不能倒了，杯子里没有剩余的空间了，再倒水就会满出来了。

师：看来同学们对空间有点感觉了，快来找一找我们生活中哪里有空间？

生2：教室里有空间。

生3：书包里有空间。

生4：老师，我的抽屉里也有空间。

师：摸一摸抽屉，感悟空间的三维特征。

师：杯子里真的没有空间了吗？请看（教师将一大一小两个土豆，同时从装满水的烧杯中取出来），你发现了什么？

生5：杯子里又有空间了，原来土豆占了杯子的空间。

师：再观察，你还发现了什么？

生5：一杯水面下降得多，说明大土豆所占空间大，一杯水面下降得少，说明小土豆所占的空间小。

师：在数学上，我们把物体所占空间的大小叫作物体的体积。物体的体积大小，不能看质量或形状，要看物体所占空间的大小。

二、比较体积大小

师：观察这五个物体（纸箱、两袋内袋数量不同的抽纸、土豆、红薯）的体积，你能按从大到小的顺序来排列吗？

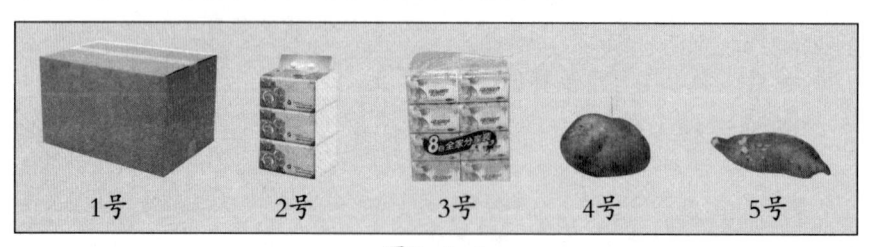

图3-3-2

生1：1号纸箱体积是最大的，体积最小的就在4号和5号之间。

师：那体积第二大和第三大分别是几号呢？

生2：是2号，因为它比较厚。

生3：我认为是3号，因为正面比较大。

师：请同学们小组里讨论交流、合作实验，确认应该是怎么排序，说说理由。

（设计意图：对于两包抽纸这两个不规则的物体，学生很难通过直

观或计数比较，受之前土豆实验的启发，学生不难想到用实验来比较，引导学生在小组里自主交流）

三、区分体积与容积

师：请小组合作自主设计实验，研究哪个杯子装水多？

（设计意图：让学生感悟容器所能容纳物体的体积，就是容器的容积，揭示容积的概念）

师：我们已经知道了什么是容积，对于这两个杯子，你觉得谁的容积大？你是怎么想的？

生1：右边的杯子容积大，因为它的体积大。

师：真的是这样吗？请看，体积大的物体容积不一定大。那么体积与容积究竟有怎样的联系与区别呢？让我们一起来玩"箱子变变变"游戏吧！（课件分别演示箱子内壁和外壁不断增厚）

师：认真观察，当我们把箱子内壁不断加厚时，什么变了？什么不变？那如果把箱子外壁不断加厚，什么变了？什么没变？

师：通过这个游戏，你们有什么感受？

生2：比较容积的大小不能看体积。

生3：容积是从内部测量，体积是从外部测量。

（设计意图：通过对箱子的观察操作、形象推理，使学生感受到看物体的体积要从外部来观察，而容积要从内部来观察，深刻沟通体积与容积的联系与区别，使量感可感）

四、学以致用，巩固训练

师：同学们，相信通过刚才的学习大家对体积与容积一定有不少新的认识，谁来说说？

师：看来大家都收获不少，接下来老师想考考大家，你敢挑战吗？

连一连：
学校的操场真大啊　　　　　容积
衣柜能装真多东西啊　　　　体积
你的书包真占地方啊　　　　长度
你的皮带真的很长啊　　　　面积

> 比一比：用相同数量的硬币分别垒成下面的形状（形状略），哪一个体积大？为什么？
>
> 想一想：淘气和笑笑各有一瓶同样多的饮料，淘气倒了3杯，而笑笑只倒了2杯，你认为有可能吗？说一说你的想法。
>
> 搭一搭：用12个大小相同的小正方体，分别按下面的要求想一想，搭一搭。
> （1）搭出两个物体，使它们的体积相同。
> （2）搭出两个物体，使其中一个物体的体积是另一个的2倍。

教学评析

本节课基于课前调研，确定三个核心问题，展开三次探究活动，引导学生经历从"直观感知"到"非标准度量"，直观感悟概念的可测量属性和大小关系，经历体积和容积概念的建构过程，使量感可见、可估、可量、可感，让量感不仅在课堂中生根发芽，还能在学生的生活中开花结果。

首先，通过演示，直观形象地引入空间的大小。由于数学概念比较抽象，而小学生的思维方式从直观形象思维过渡到抽象逻辑思维，是以直观形象为主，认识一个事物，理解一个数学道理，主要是凭借事物的具体形象，所以本节课伊始，我以量杯倒水实验，直观地引导学生理解空间的概念，然后比较生活中物体所占空间的大小。

其次，通过学生的动手实验，切身经历体积与容积的大小比较。常言道，实践出真知，手是脑的老师。学生通过用观察、数一数的方法比较出物体所占空间的大小，再通过动手实验得出土豆占的空间大。富兰克林曾说："告诉我的，我会忘记；展示给我的，我会记住；我参与其中的，我会理解与运用。"在教学中，应该让学生充分参与，体验深刻。

再次，通过大量的感知，从具体到抽象，揭示出体积概念的本质。数学概念的学习离不开"感知—观察比较—提炼总结—抽象概念形成"的过程，而概念的形成又是教学活动的重要组成部分。教师要提供素材给学生观察、比较、分析和概括，用丰富的直观体验揭示概念的本质属性，帮助学生掌握概念。本节课学生通过观察、比较、实验、操作等具体活动，获得充分的空间大小的感性认识，并在感性认识的基础上明白老师直接揭示物体所占空间的大小是物体的体积。数学概念不是孤立存在的，它们都是有联系的，理解空间大小是理解体积的基础，理解体积是理解容积的基础，环环相扣，最后归纳、概括学习容积的概念。

最后，通过实际运用巩固概念。我们在教学中，既要落实"双基"，又要发展学生的智力，培养学生的创新能力，更重要的是在学生形成概念之后要善于为学生创造条件。运用概念，才能更深刻地理解概念，从而更好地掌握新的数学知识。因为学生对概念的理解不仅要经历概念的形成过程，更要经历概念的运用过程，只有这样，才能帮助学生获得深刻的理性认识，从本质上提高识别、应变和抽象概括能力，更好地培养学生能力素养，发展学生智力水平。

课例三：除数是整数的小数除法

教学内容

北师大版五年级上册"小数除法"。

教学思考

"小数除法"是学生在已经学习了除数是一位数和两位数的整数除法的基础上学习的。小数除法无论从试商方法、除的步骤、书写格式等都与整数除法基本相同，不同的只是小数点的处理问题。本课时是被除数的小数末尾不需要添0就能直接被除数除尽的小数除法，是小数除法的基础。

通过课前调研，我发现学生并没有像书本预设那样把11.5元转化成115角再按整数除法计算，也没有把余下的1.5元转化成15角再继续往下除，大部分学生能直接用竖式计算得出正确答案或者分步计算时直接口算出1.5÷5=0.3（元）。学生出现未教先"知"的情况。学生的真实起点在哪里呢？通过学生预习作业我们发现，学生只是基于整数除法的学习经验，凭直觉类比得出"小数除法应该按整数除法那样除，然后再加上小数点"，他们不明白也说不出其中的道理。因此，本节课重点不是在于如何计算，而是在于引导学生提炼出除数是整数的除法的计算方法的同时明其理，并感悟单位细分和运算一致性，最终达其理。

那么，如何让学生更好地理解算理掌握算法？如何让学生在实际情境中理解竖式中每一步的意思，直观感受到横式与竖式的联系，体会竖式记录的合理性？如何让学生感受到运算教学的整体性？

基于以上思考，我确定以下核心问题：为什么这么算？余下1元不够除怎么办？竖式中的每一步是什么意思？为什么商与被除数的小数点要对齐？

教学目标

1. 理解除数是整数的小数除法的算理，掌握其计算方法并能正确进行计算。

2. 在探索除数是整数的小数除法计算方法的过程中，培养学生的类推能力、分析能力和抽象概括能力。

3. 学生体验所学知识与现实生活中的联系，能应用所学知识解决生活中简单的问题，从中获得价值体验。

教学重难点

重点：体会小数除法的意义，正确掌握小数除以整数的竖式计算方法。

难点：理解小数除法的算理，明白为什么商的小数点要和被除数对齐。

教学过程

一、展示推理，引发探究

师：同学们，通过大家课前作业，老师已经看到各种精彩的作品，现在，我们一起来观察下这两幅作品，请作品主人来说说他是怎么计算 11.5÷5 的。

生1：我先无视小数点的存在，然后按照整数的除法来做，得数是23，最后我觉得应该加上小数点，得到2.3。

师：看着这两个竖式，你们有什么疑惑吗？

生2：竖式中的1.5要不要点小数点？1.5还能继续往下除吗？

生3：为什么要在23里面点上小数点？

师：同学们，今天我们就带着这几个问题来学习"除数是整数的小数除法"。

（设计意图：问题是学生主动探究的基础，从学生的疑惑入手，学生学习的主动性便产生了）

二、借助情景，理解道理

1. 启发学生给除法算式赋予一定的生活情境

师：怎么解决这个问题呢？让我们回到生活中去，想一想什么时候会遇到 11.5÷5 的情况？比如，第一小组 5 名学生在为希望小学献爱心活动中，买了一盒圆珠笔共用去 11.5 元钱，平均每个学生应拿多少钱？把 11.5 元怎么分，才能平均分成 5 份？每份是多少钱呢？同桌互相说一说。

生1：我先把 11.5 元看成 115 角，115÷5=23 角，然后再把 23 角变成 2.3 元。

师：他把小数除法转化成了整数除法来计算，把新知转化成旧知，问题就迎刃而解了。

生2：我先把 10 元除以 5 得 2 元，再让 1.5 元换算成 15 角，再平均分成 5 份，每份是 0.3 元，合起来就是 2.3 元。

师：很好，你也把元转化成角，转化成更小的单位，这样数就够大，就够除了！

2. 借助情境推理

师：现在再看之前大家列的除法竖式，回想课初的几个问题：余下的 1.5 还能往下除吗？竖式中的小数点写不写？商 23 为什么要加上小数点？在刚才的横式中能找到答案吗？以四人为单位小组交流。

生1：还能往下除，我把 1.5 元换算成 15 角，15÷5 就可以除了。

师：你说得很到位，也就是当我们遇到数太小不够除时，可以把它转换成更小的单位，这样就可以继续除了。

师：那竖式这里我们是写 1.5 还是 15 呢？

生1：写 15，因为我们已经把 1.5 元转换成 15 角了。

师：（有学生说写 1.5）1.5 表示什么意思？

生2：1.5 元。

师：如果不标小数点就是？

生2：15。

师：15表示什么意思？

生2：15角。

师：咦，1.5元和15角？

众生：相等。

师：那这个小数点标与不标会影响最后分的结果吗？既然这个小数点点不点都无所谓，那就不点，我们数学追求简洁。

师：那2.3这个小数点能省略吗？为什么？

生3：不能。标了是2.3元，不标是23元。

师：我们一盒圆珠笔一共才11.5元，小数点往那一站，2表示2元，3表示3角。谁是元，谁是角，就很明显了。

师：现在我们把最简洁的竖式写在黑板上。

师：把11平均分成5份，每份是多少元？还剩1元，怎么办？把1元转化成10个1角，再和5角组成15角，15角平均分成5份，每份是3角。其实，竖式的做法跟我们横式的这个方法，道理是一样的，只不过竖式更简洁。

师：如果用这幅图（12个大小一样的正方形，其中一个正方形平均分成10分，取其中5份。图略）表示11.5，要把这个11.5平均分成5份，请你借助刚才学的知识来分一分。

（学生上台边说边圈，师板书"11.5÷5竖式"）

师：还能分吗？

生4：把这1个正方形平均分成10份，每份是十分之一，这里有15个十分之一，平均分成5份，每份是3个0.1。

师：你能把刚才分的过程用竖式记录下来吗？

生4：可以。

师：请在黑板上记录下你分的过程，并解释给大家听。

师：你能在这里找到"1"吗？那竖式中这个"1"在个位上表示什么？然后你把它细分成10个0.1，那15又表示什么意思呢？（板书"15个0.1"）

师：说得太棒了。（师示范）他先用11个1除以5，商是2个1，二五一十，余1个1，和5组成15，也就是15个十分之一，再

÷5，商是3个十分之一，也就是0.3，所以，在2的右下角点上小数点，三五十五，刚好分完，没有剩余。

师：谁能像老师这样指着竖式再来说说计算过程？先同桌互相说一说。

师：现在谁来勇敢地把计算过程完整说一说？

（设计意图：学生借助情境，理解算式的意义，在辨析中理解算理，感悟单位的细分过程；借助人民币的现实模型和面积模型，在"分—换—再分"的直观与竖式"除—换—再除"的抽象之间建立联系，在横式与竖式之间建立联系，体会竖式记录方法的合理性）

三、巩固新知，学以致用

师：学到这，老师要考考大家，请同学们拿出学习单2，你能独立解决下面问题吗？试试看用竖式计算：19.5÷3，25.2÷6。

师：你们觉得这样的竖式计算需要注意些什么？（小数点对齐，计算过程的小数点不用点）

师：有了刚才的提醒，请你再来挑战这题：32.7÷5。

师：答案是？（随机问几个学生）

生：6.5余2。

师：余数2表示什么？

生：2个0.1。

（课件出示32.7÷5有余数的竖式）

师：还能继续往下除吗？

生：2后面添个0，变成20个0.01再继续除。

（课件出示）

师：个位不够除时，我们把它转换成十分位，十分位不够除，我们——如果百分位不够呢？继续转换，只要余数不够除时，我们就可以把大的计数单位转换成小的计数单位，这样数量就变大，就能继续除了。

四、归纳总结，回首展望

师：同学们，最后让我们一起回看下本节课。这是我们以前学的竖式，看，这是新学的，有什么不一样呢？

[课件出示旧知115÷5=23（元）的竖式和新知：11.5÷5=2.3（元）的竖式]

生：一个有小数，一个没有小数。

师：有什么相同的地方吗？

生：小数除法与整数除法计算方法一样，都是从高位算起，余下的转化成更小的计数单位，组成更大的数后再继续除。

师：那你觉得以后还有可能出现（生：小数 ÷ 小数）。那你能列出一个算式吗？那小数除以小数又该如何计算呢？不急，这个问题我们下节课再研究，今天我们就先上到这，同学们，下课！

（设计意图：对比小数除法与整数除法，使学生感悟运算的一致性，促进知识结构化）

板书设计

除数是整数的小数除法

11.5÷5=2.3（元）　　　　小数点对齐

元　角　　　　　　　　　个位　十分位

------**教学评析**------

有效的教学设计是基于学生的真实起点，学生学习新知识解决新问题都是建立在已有的知识和经验的基础之上的，教师必须充分考虑学生的起点，才能准确定位教学目标和教学设计，才能准确提升课堂效率，使学生学习真实发生，有较高的获得感。本课基于课前调研，确定三个核心问题，通过独立思考、互动交流、方法勾连等，使学生理解小数除法的算理，感受运算的一致性。

本课主要有以下三个亮点：

一、借助信息技术，了解学生已有基础

为提高教学的实效性，教师需加强学情分析工作，了解学生的真实起点。本课运用在线问卷工具，了解学生的已有知识基础及对算理的掌握程度。根据采集到的信息，进行有效分析和处理，进而对教学内容做出必要调整，制定出更加科学合理的教学设计，实现教学效果最大化。

二、创设生活情境，引导学生明其理

通过课前测试，发现学生只是在运用已有的知识来解决未知的问题，他们从整数除法的学习经验出发，凭直觉和经验，类比得出小数除法应该像整数除法那样除，先把小数点当空气，得到23，然后点上小数点就是2.3。学生并不明白其中的算理，也不理解竖式每一步的意思。老师从生活情境出发，借助生活中使用人民币的经验，勾连横式，学生通过自主探索，互相交流，在横式中理解算理，感受竖式与横式的联系，明白竖式记录的合理性。

三、注重完整表达，培养学生达其意

能完整地表达计算过程，就是理解算理、掌握算法的过程。从老师示范说到同桌互说，再到个人独立说，每说一次就是一次巩固，既达到了巩固的效果，还能培养学生的表达能力。

课例四：平均数

教学内容

北师大版四年级下册"平均数"。

教学思考

平均数是在学生已经理解平均分和除法运算含义的基础上进行教学的。平均数与平均分有联系但又有区别，它是一个重要的刻画数据集中趋势的统计量，反映一组数据的一般情况。如何让学生真正理解平均数的意义？本课设计中从学生已有的生活经验入手，创设真实的生活情境，进一步理解平均数的意义，同时设计思辨问题，提升学生思辨能力，更加全面地了解平均数受极端数据的影响和它的作用。

教学目标

1.让学生真实地经历数据收集、整理、分析的过程，在这个过程中感受平均数作为统计量的现实需求，培养数据意识。

2.经历思辨过程，深入理解平均数的意义，掌握求平均数的方法。

3.培养应用所学知识合理、灵活解决简单的实际问题的能力。

教学重难点

重点：理解平均数的意义，掌握求平均数的方法。

难点：理解平均数在统计学上的意义。

教学准备

多媒体课件。

课堂实录

一、谈话导入，激发兴趣

师：同学们，请看大屏幕，上面写的是什么？

众生：比赛。

师：参加过比赛的同学请举手，能说说你参加过什么比赛？

生1：书法赛。

生2：歌咏赛。

生3：计算比赛。

生4：钢琴大赛。

……

师：哇，这么多种竞赛！它们都有共同点，那就是都有各自的竞赛规则。

师：今天我们来赛一场：记忆力大比拼。

二、现场比赛，收集数据

1. 明确规则

师：请看比赛规则，请一位同学读一遍。

比赛规则

（1）每组10个数字，只出现3秒。

（2）数字消失后，才可以动笔写在纸张上。

（3）当数字再出现时，请在记对的数字上面画"√"。注意数字的顺序也要正确。

师：下面按男女生分组进行记忆力大比拼，看看哪个队的水平高，准备好了吗？

2. 采集数据

（1）第一轮比赛：8426351693

师：你对了几个？

生：5个。

师：如果让你再记一次，记对的还是5个吗？大家觉得再来一组数据，会记得更好吗？

众生：会。

（2）第二轮比赛：1123505436

师：注意，请看题。

师：男女生队各出4个同学，把各自的记忆情况写在黑板上。

> 板书：男生队：6 8 7 8
> 女生队：7 5 9 7

师：哪个队的记忆水平高？说说你是怎么想的？

生1：我认为，可以比总共对了几个。

师：人数一样，比总数也是一种不错的办法。

师：大家自己算一算，你第二轮记对了几个数，用手势告诉我。

三、产生冲突，理解意义

1.不同数据，引出平均数

师：我发现，那位男孩记对了6个（板书在男生队）。比一比现在哪个队的记忆水平高？

生1：总数多，男生队赢。

生2：不公平，男生多了一个，不能比总数。

师：女生觉得应该怎样才公平？

生3：增加一个女生的，或减去一个男生的。

师：难道这样就不能比了吗？想一想你们参加竞赛时，评委的分数与你的最后得分有什么关系？

生4：我知道，最后得分是平均分。

师：你不仅细心观察，而且记忆力很好。能具体介绍一下怎么计算平均分吗？

生4：把几个评委的分数加起来除以评委人数，得出最后得分，也就是平均分。

师：大家听明白了吗？平均分也就是评委给的一组分数的平均数，它能代表一位选手的整体水平，请用他介绍的方法，分别算出两队的平均数。

师：请一位同学说说他的思考。

生5：我把男生队的总和除以5，得到男生队平均每人答对7个。

女生队的总和除以 4，得到女生队平均每人答对 7 个。

师：是的，先求和，再除以他们的人数，这种方法叫作"求和平分"（板书：求和平分）。我们可以说，男生队记忆的平均水平是 7 个，女生队记忆的平均水平是 7 个。

师：女生队的记忆情况，我们可以用统计图表示出来，从中你能看出"平均数"在哪里吗？

（学生上台移动，用虚线标出平均水平线）

师：把"多"的移给"少"的，最后这几个同学的记忆数量"平了"，这种方法叫"移多补少"（板书：移多补少）。

2.感受平均数的虚拟性与取值范围

师：刚才我们用移多补少的方法，把多的 8 移出 1 个给 6，使得四个同学的平均记忆水平都是 7，那么 7 就是这四个数的平均数。

师：平均数 7 是哪个同学的记忆数量呢？

生 1：不是特指哪个同学，而是指整体水平。

生 2：有时正好是某个同学的水平。

师：平均数，是借助平均分通过计算得到的，是一个"虚拟"的数，不一定是某一个同学的记忆成绩。它表示的是这一组数据的平均水平。

师：这组数据中最小的是？

生 3：6。

师：最大的是？

生 3：8。

师：平均数总在什么范围？

生 3：在 6 和 8 之间。

师：是的，平均数总在一组数据的最大数与最小数之间。有了平均数，就解决了 5 个男生与 4 个女生比赛的情况，现在哪个队获胜就相对公平了。平均数好不好？

四、联系生活，深入理解

师：可这位老爷爷看到平均数心里难受极了。2015 年，中国人口平均预期寿命达到 76.34 岁。你知道他为什么难过吗？

生 1：因为他的年龄快到 76 岁了，感觉生命要到尽头了。

师：是这样吗？

生2：不一定。因为平均预期寿命只是代表整体水平，有可能老爷爷锻炼身体会延长寿命。

师：听到同学们这样解释，老爷爷顿时眉开眼笑。聪明的孩子们，还记得小马过河这个故事吗？

五、深入思考，完善认知

师：一天小马过河，遇到会数学的小松鼠，小松鼠告诉小马，河水平均深1米，小马身高1.5米，能过河吗？同桌互议，可用画图的方法帮助理解。

师：以前的数学题都只有一个答案，为什么今天会有两种答案？原因在哪？对，1米，是水位的平均数，河床有可能差不多都是1米深，也可能有的很浅有的很深。具有多种情况时，要注意分析。生活中还有很多平均数，你还见过哪些平均数。

师：第一小组6名同学为灾区人民捐款，平均每人捐款100元。估一估，每人大约捐了多少元？

生1：可能是100元。

生2：有可能比100多些，有可能比100少些。

师：看，这6位同学捐款情况，他们捐款的平均数是100元。又来了一位同学捐款，想一想：第7位同学捐多少元，会让平均数低于100元？

生3：只要他的捐款数少于100元，整体平均数就会低于100元。

师：你们同意他的说法吗？

生4：同意，举个例子试试便知。

师：懂得用举例法进行验证，真是聪明的孩子。如果想让平均数高于100元，又该怎么办呢？

生5：让第七位同学捐出比100元多的款。

生6：也以可让6位同学中的一位多捐一些。

生7：还可以去掉六位同学中低于100元捐款数。

六、介绍极端数据

师：是的，聪明的孩子们，正是有极端数据的影响，所以这一组数据的平均数发生了变化。

七、全课总结，盘点收获

师：通过今天这节课，大家有什么收获？

师："平均数"在生活中应用广泛！"平均数"真好，但数据的分析方法有很多。统计学家说，统计方法没有对错之分，只有好坏之别。"平均数"还有许多秘密，今后我们将进一步学习。

板书设计

平均数 ——————→ 平均水平

移多补少

求和平分

教学评析

本课以学生为主体，从学生熟悉的生活情境出发，让学生感受数学来源于生活，可解决生活中的问题，从而激发学生学习兴趣，引导学生理解平均数的意义与价值。本课的亮点突出体现在以下两方面：

一、创设生活情境，激发学习兴趣

新课标提出："注重创设真实情境。真实情境创设可从社会生活、科学和学生已有数学经验等方面入手，围绕教学任务，选择贴近学生生活经验、符合学生年龄特点和认知加工特点的素材。"本课教学中以"记忆力大比拼""老爷爷的烦恼""小马过河""捐款数的变化"这些生活情境，让学生轻松学习，培养学习兴趣。

二、设计合理问题，培养思辨能力

教师重视设计合理问题，在真实情境中提出能引发学生思考的数学问题，又引导学生提出合理问题，如"哪个队的记忆力更好？""老爷爷为什么烦恼""小马能过河？"等，能引发学生的思考并进行辨析。特别是"如果想让平均数高于100元，又该怎么办呢？"等开放性问题的设计，能充分调动学生的思考，从不同角度表达各自的想法，培养学生的思辨能力。

第四章

小学数学"思辨课堂"的教学感悟

第一节　幸福工作，快乐人生

当我迈着轻松的步伐走出师范学校的校门时，怀着对教育事业的热爱，憧憬今后将每天面对着花一般的笑脸上课，感到无比的愉悦。然而，现状并不是我想象的那样美好——学生不爱学习，班级爱捣蛋的多，教学质量不理想，家长不信任，同行怀疑，待遇与消费水平相差较大，等等，让我感受到无形的压力。俗话说："有压力才有动力。"面对压力我没有退缩，而是在教育教学实践中不断钻研、学习、总结，终于走出了自己幸福的"思辨课堂"。

一、幸福源自学生的快乐

教师服务的对象是学生，一定要了解学生，培养学生对学习的热爱，让学生在学习的过程中体验学到本领的快乐。

（一）了解学生的认知规律，让学生体验课堂的快乐

知识并不能简单地由教师或他人传授给学生，而要让学生自己动手主动地加以建构。

我和同事曾做过调查，对"你认为是老师讲课讲得好，还是同学讲得好？""你喜欢听老师讲解，还是听同学讲解？"这两个问题，学生的回答是："我认为老师讲课讲得好，但我更喜欢听同学讲解。"当进一步问询原因时，学生的回答是："同学与我年龄差不多，我们对问题的理解方式相近，而且我们是一种平等的关系，同学讲的内容易理解，如果有不懂的问题向同学请教也不害怕。一直听老师讲，我们觉得有点累，有时会开小差。"教师们听了这样的回答，不禁要反思自己的课堂教学，应认识到只有让学生主控课堂，他们才更感到愉快。

学生主控课堂，如何提高课堂实效呢？我全面关注不同年级学生的课堂效率，经过一个多学期的实践研究，发现这种模式中教师的授课时间虽然减少，但要求教师对学生及教学内容的把控能力要更高。课前教师要设计预习卡中的导学问题，要注意结合本课的重难点、学

生已有知识经验和认知规律加以设计。为了让这一模式达到让学生自己发现新知，培养数学能力的目的，我设计了这样的教学流程：

1. 检查预习，以学定教

这一环节让学生把课前的独立思考结果呈现在大家面前，同学们互相评议，从不同的角度进行思考与辨析。之后，教师帮助学生把个人的点状思维结合反馈串联成线。

2. 小组讨论，互学少教

成员之间互相探讨预习中遇到的难题，加深对新知的认识，同时运用新知解决问题，形成数学能力，达到互助学习、减少说教的目的。

3. 展示反馈，边学边教

小组合作学习，由小组长代表小组展示反馈讨论的结果。由于需要独立反馈，因此在讲之前，小组长要收集小组内每个成员对问题的看法，同时组织小组成员共同辨析，得出一致看法，之后还要组织自己的数学语言，有条理地表达，让听者明白。当小组长表述不够完整，组内同学也可以补充。如果在小组讨论中不能得到一致的认识，需由小组长提出问题，阐述意见不同的原因，其他小组成员则给出合理意见。

4. 层次练习，教学合一

教师针对学生对知识的理解程度，设计不同层次的练习，深化对新知的理解，每个人都有机会扮演教师和学生的角色，培养对数学学习的热爱。

5. 交流评价，思学促教

通过问题"通过学习你有什么收获？""评价自己和他人在课堂上有什么表现？"反思自己的学习过程，领悟学习方法，多元评价，有助于教师了解学生情况，更好地为学生提供下一阶段的教学服务。

（二）了解学生的学习兴趣，让学生品尝学习的快乐

好胜、好奇、好问是小学生共同的心理特点，教学前要充分了解小学生这些心理特点，在激励引导他们主动参与学习的同时激发他们的学习兴趣。我们可以结合教材内容及学生的学习心理，采用编故事、猜谜、竞赛、儿歌等激起学生的好奇心、好胜心，以积极的态度愉快度过课堂四十分钟。

如在教学"3 的倍数特征"时，课前我巧设一场师生竞赛："快速判断一个数是否能被3整除。"竞赛规则：指名一人在0—9的数字中任意选择几个数，组成两位数或三位数，让全班同学与老师判断这个数是否能被3整除。这一设计抓住学生定会受"能被2和5整除的数"的特征负迁移影响，误判断个位上是3、6、9的数能被3整除，有意让学生引起注意。这样一来，既改变了过去那种情感活动基本上被排除在教学活动之外的孤立智力活动，又让师生共同富有感情地参与认知活动，无形中给教学带来情趣，使学生的学习主动性被充分调动，同时品尝到学习的快乐。

（三）了解学生的个性差异，让学生享受被尊重的快乐

孔子会对自己的学生进行深入了解，能够说出学生的性格特点和智力水平，并且进行针对性教育，即"因材施教"。一定年龄阶段的学生，他们的心理特点和智力水平既有一定的普遍性，又有一定的特殊性，教学应针对学生的差异因材施教。在小学数学课堂教学中，教师应努力创造适合每个儿童的教育，充分认识学生的巨大发展潜能和个性存在的差异，努力培养学生积极的学习态度、善于与他人合作的精神以及高度的责任感和道德感。

实践教学中我常遇到一些孩子在预习中不认真思考导学卡中的问题，不主动去寻找、发现，课堂上不主动汇报、参与讨论等，对这样的孩子，最好不要在全班同学面前否定或批评他，而应在课后问其原因，进行积极教育。我所带班级曾有一个成绩较落后的孩子，三次被小组长查出课前预习作业未完成，放学后我当着孩子的面打电话给家长，孩子以为我是向家长打小报告，因此低着头、愁眉苦脸。我打电话中，电话里传来家长爽朗的笑声，孩子听了也眉开眼笑。这是因为我在他父母面前表扬他的闪光点，让他感受到老师对他的关注与期望，变得更加自信。

（四）了解学生成长的需要，让学生感受集体生活的快乐

"独学而无友，则孤陋而寡闻。"学生在校除了学习知识，还需要学会与人相处，养成良好的习惯，树立正确的价值观。作为学科教师，不能只是教学科知识，还肩负育人之责，把学科教育融入大的教育范畴里。在这么多年的工作实践中，我同时兼任班主任，觉得要搞好班级工作，应该坚持"一个标准"，调动"两个积极性"，依靠"三个方面"的力量。

坚持"一个标准",即在处理班级事务时,尤其是奖惩方面,对优秀生和后进生应使用一个标准,一定要公允。调动"两个积极性",一是要尊重每个学生,在课余时间里要尽量多深入学生中去,与他们一起交谈、游戏、活动,不冷落某一个人,由此产生一种"爱屋及乌"的效应;二是发动大家参加班级管理的各项活动,让学生人人都有自己的发言权,都有展现自己才能的机会。依靠"三个方面"的力量,即要充分调动和运用学校、家庭和社会三个方面力量参与班级管理,以提高班级管理工作的成效。

二、幸福源自家长的信任

教师的工作离不开家长的支持和信任,因为他们对孩子的影响时间长,而且对孩子的学习习惯的养成起着督促作用,从而对教师的教育教学起到事半功倍的作用。

(一)对学生真心呵护,赢得家长的肯定

家长关心孩子的在校学习情况,也关注孩子在校的身心健康发展,希望孩子有健康的体魄,品行端正。如果一位教师对学生细心呵护,让学生在健康安全的集体中成长,像对待自己的亲人一样真心对待学生,那么家长将会非常信任教师,放心地把孩子放在这位教师的班级。家长的言行无形中以积极的作用感染学生,从而让教育教学工作轻松又具实效。

(二)与家长真诚沟通,获得家长的信任

与家长沟通的方式很多,如今家长大多较忙,部分家长觉得到学校不方便,且通信设备发达,有事需请家长配合协助,可采用电话、短信等方式进行沟通。我与家长大多用电话或短信进行联系。无论什么时候收到短信,我总是在看到短信的第一时间回复,针对家长的问题认真答复,并找到相应的学生进行心理沟通,鼓励、督促他进步。

三、幸福源自同行的认可

我们生存在社会中,亲人、同事、同学、朋友构成生活的社交圈子,为人处事、工作能力得到身边同事的认可,有利于愉快地进行每天的工作。

(一)待人友善,与他人和睦相处

友善待人是我们中华民族的传统美德,我们每个人都应争取做一个

友善待人、与他人和睦相处的文明使者。

同时，对班级事务努力帮助一起做。俗话说："帮别人做事，练自己的手艺。"小学教师是一个综合性强的职业，只会教一门课程是远远不够的，如点名册名单的抄写、班级环境的布置、板报的设计、六一节目的编排等都应主动参与。

此外，多参加学校的课余活动，积极融入教师集体中。

（二）勤于钻研，不断提高教育教学水平

对于教师而言，提高教育教学水平是重中之重。

首先，要勤奋学习，反复研读教材。书是最好的朋友，你几时想看，看几遍，它都乐意。不仅读所教课程的教材、教参、教案，还要阅读与本学科有联系的不同年段的课程内容，掌握知识间的关系，对知识有整体认识。

其次，虚心向老教师请教。虽说我们在师范学校学习了大量的教育教学理论，但很多没有实践过，老教师教学实践时间长，经验丰富，对难点的突破有个人独特而有效的方法，值得学习。

第三，要向学生学习。学生是教育教学的对象，我们的教学方法、教学内容如何，都要由学生说了算。我们要常与学生交流，懂得学生对自己的教学方式有什么看法，或有什么更好的建议，从而不断改进教育教学方式，提高自己的教育教学水平。

（三）专业引领，走名师成长之路

正如著名教育家叶澜曾经指出："一个教师写一辈子教案不一定成为名师，如果一个教师写三年反思则可能成为名师。"美国著名学者波斯纳提出一个教师成长公式：经验＋反思＝成功。当自己在教学中有所感，便把它整理成文。只有把理论与实践相结合，才能快速提升自己，在专业上有所精进。

四、幸福源自正确的价值观

价值观是指一个人对周围的客观事物（包括人、事、物）的意义、重要性的总评价和总看法。一方面表现为价值取向、价值追求，凝结为一定的价值目标；另一方面表现为价值尺度和准则，成为人们判断事物有无价值及价值大小的评价标准。

在这个物欲横流的社会，作为一名小学教师，收入可能不高，工作强度很大，但要记得初心、勉力前行。

当送走一批又一批优秀的学生，我感到欣慰；当一个又一个学生寄来祝福的贺卡，我觉得自己拥有巨大的财富。用智慧创造财富，何不为幸福之事呢？

第二节　心若有爱，美景自在

我相信，只要心中有爱，定能待到学生学有所成时的绽放之美，定能赏到人与人相处时的和谐之美，定能品尝实现自我价值时的成功之美……美景真的无处不在。

正是源于对教师这个职业的热爱，我一直在小学教育这片沃土上孜孜不倦，辛勤耕耘。我在工作中不断提高自身的修养，不间断学习，除了参加课程培训外，还参加了自学考试，取得了福建教育学院教育管理专业本科文凭。在提高理论水平的同时，我注重提高自身的教学水平，认真钻研教材，虚心请教，备出适合班级学生特点的课，同时勇敢地走出校门到其他学校参观学习，主动承担公开课、竞赛课的教学任务。

孔子提出育人要"深其深，浅其浅，益其益，尊其尊"，认为学生存在个体差异，因此需"因人而异，因材施教"。教学工作面对的是活泼生动的学生个体，他们的起点各不相同，在与学生交往中，我会先全面了解学生的喜好、学习程度等，用爱打动学生，得到学生的信任与喜爱，进而对学生进行引导教育，提升学生的学习成绩和品德修养。

"独学而无友，则孤陋而寡闻"，我注重自身素质提升的同时，常与同伴分享自己的想法，与他人一起成长。

学而不思则罔，思而不学则殆，思而不辨则枉，辨而不思则妄。求知需要学思并进，思辨结合。思是辨的内核，辨是思的外壳，教学中我尽可能让每个孩子才思敏捷，能言善辩。

"思辨课堂"指向儿童发展，其核心理念包括三个方面：第一，从教育层面思考，教育的终极使命是为了育人；第二，从学科层面思考，教学应当突出数学"核心素养"的培养；第三，从教学层面思考，课堂应该体现学生这一"学习主体"。

"思辨课堂"的框架，通常包含三个步骤，一是核心问题导引，二是探索道理（思），三是展示交流（辩）。在整个教学活动中，"思辨课堂"体现为"问题驱动思辨""质疑促进思辨""合作夯实思辨""巩固迁移思辨"。在具体内容上，"思辨课堂"引领学生辨"道理"、辨"原理"、辨"理解"。

不忘初心，我一直坚守在追逐教育梦想的道路上。既然选择了远方，便只顾风雨兼程；既然选择了教师职业，便只顾辛勤巧耕。在教学之路上用爱耕耘，我相信只要心中有爱，在追求诗与远方的过程便是沿途美景常在。

第三节　导而弗牵，润泽于心

时代越发展，我们越要学会反思，用哲学的视角思考我们的行动，教育之变革，行动。以思考为工具去追求真知，能给人以开阔的眼光、智慧的大脑、科学的认知。

"双减"政策如一声春雷，唤醒依然固守在唯分数泥潭中的教育者和唯分是从的家长，具有扭转教育乾坤之意义。扭转的是什么？重分轻德，重分轻能，重分轻人，重"课本知识"轻"身心素养"等怪象。鉴于此，教育之"心"应趋于完整，回归本真，回归哲学，超越教条，向课堂提供简洁而有效的哲学认知和"双减"路径。

传统的课程教学追崇"学科逻辑导向"，而不是"自我解体"，用传统思维去解决新问题，用低水平的方法去机械重复固有的动作，显然不适合当代发展。面向未来的教育，需要每一个有担当的教育者以教育家情怀、科学家眼光、企业家精神、工程师修养、哲学家思维、艺术家的想象向未来进军。对标教育的未来之维，我试图立足全人价值和全球胜任力的追问，基于国际化、个性化、专业化、智能化和家园化五个支点，沿着核心素养的基线行进。

教育要把学生放在教学的中央，一切从儿童的发展出发。在"减负与提质"中，教师要改变自身的思维方式，调理、改善、提高自己的眼光。任何变革都离不开教育情境的创设，教师是学校发展之本，应让自己教得不迷茫，重新评估价值，建立标准。故此，必须有赋能的平台，必须具备科学的眼光，必须是深度有效的学习，必须呈现思想发光、精神明亮的境界，内心主修，生命自觉，向自身要质量，向教研要质量，向课堂要效率。

"双减"下的课程改革势在必行，务必在对学校课程资源进行充分调查分析的基础上，适应基础教育课程改革的要求，准确判断学生"在哪里"，从而实现因材施教。学科核心素养是学科育人的重要目标，分析研读教材，就是要对准学科核心素养这个靶心，使学生都能体验"重自主，乐参与，能合作，慧学习，敢创新"的成长历程。

"双减"政策落地关键在课程，课程改革的核心在课堂，课堂改革的核心在教师，实践验证了一点：只有把教师放在教学改革的第一位，"双减"才能扎实开展下去。"思辨课堂"之发展，应为育人而教，为生命立学，让学生的知识体系不再是在课堂上的分科学习自成脉络，而是在一个真实碰撞的视角中自然而然地建构。

参考文献

[1] 陈维维. 技术生存视域中的学习力 [M]. 北京：教育科学出版社，2010.

[2] 张雪松. 学习突破——提升学习力的38个途径 [M]. 北京：金城出版社，2006.

[3] 教育部. 教育部关于加强新时代教育科学研究工作的意见 [EB/OL]，2019.

[4] 刘来兵. 立体多元：生活实践教育的理念与实践 [J]. 生活教育，2020.

[5] 徐晔. 从"人工智能教育"走向"教育人工智能"的路径探究 [J]. 中国电化教育，2018（383）.

[6] 李玉斌. 论信息技术与教育深度融合的发展 [J]. 中国信息技术教育，2015（19）：98-101.

[7] 龚晓君. 基于MOOC平台的线上线下混合教学法探索 [J]. 福建电脑，2017（02）：66-77.

[8] 刘月霞，郭华. 深度学习：走向核心素养 [M]. 北京教育科学出版社，2018.

[9] 金陵. 翻转课堂与微课程教学法 [M]. 北京：北京师范大学出版社，2015.

[10] 余彩芳，唐玉华，郑培云. 聚焦核心问题 引领课堂教学 [J]. 福建教育，2017（1）：96-98.

[11] 郭艳彪. 网络视频资源在高中心理健康教育课中的有效运用 [J]. 中小学心理健康教育，2015（8）：15-17.